FRANCK AGGERI

L'innovation, mais pour quoi faire ?

Essai sur un mythe économique, social et managérial

ÉDITIONS DU SEUIL
*57, rue Gaston-Tessier, Paris XIXe*

Cet ouvrage est édité sous la direction de Christian Chavagneux

ISBN 978-2-02-148448-9

www.seuil.com

Introduction

« Il se passe aujourd'hui quelque chose en France. […] Il y a partout dans le pays des femmes et des hommes qui veulent faire, inventer, innover. Cette dynamique, c'est celle de l'hyper-innovation, celle des talents, celle que vous incarnez. […] Aujourd'hui, la France est en train de devenir la nation des start-up, et elle doit réussir ce pari. […] Notre système en Europe a été pensé pour l'après-guerre, pour une économie de rattrapage industriel ! Or nous sommes entrés dans une économie de l'hyper-innovation, où les cycles sont plus courts, où l'échelle est mondiale, où l'échec n'est plus aussi dramatique et où il faut, non plus protéger les emplois qui sont parfois les emplois d'hier, mais davantage protéger les individus en les formant, en les accompagnant face à ces changements brutaux. […] Nous ne devons plus parler aujourd'hui le langage d'hier. »

Discours du président Emmanuel Macron
au salon VivaTech, 15 juin 2017.

L'innovation, nouvelle religion moderne

L'innovation est la nouvelle religion moderne. Partout on célèbre ses vertus et ses prophètes pour construire un monde meilleur. On bâtit des lois, des doctrines et des stratégies pour en accélérer l'émergence et la diffusion. Introduire des nouveautés dans le domaine des pratiques, c'est l'objectif que chaque individu, organisation, entreprise, État doit désormais poursuivre et encourager. Elle est un nouvel impératif que le sociologue Michel Callon résumait d'un trait ironique en paraphrasant une formule célèbre de Marx : « Innovez, innovez, c'est la loi et les prophètes[1]. » Chacun, à son niveau, doit se comporter comme un entrepreneur de soi pour introduire des nouveautés dans un domaine d'application. Être innovant est devenu un nouvel ethos qu'il s'agit de cultiver et qui doit s'incarner dans des projets concrets.

La notion d'innovation connaît ainsi un engouement auprès de publics pourtant hétéroclites ne partageant ni les mêmes buts ni les mêmes valeurs. Elle est littéralement « mise à toutes les sauces » aussi bien pour désigner les innovations numériques des start-up de la Silicon Valley, que les innovations sociales et inclusives des acteurs de l'économie sociale et solidaire, les innovations « vertes » de nouvelles entreprises à mission, les innovations « frugales » développées dans les pays émergents à destination de populations démunies, les innovations pédagogiques des universités, les innovations publiques de l'État, les innovations financières ou encore les innovations managériales adoptées par les entreprises et les organisations publiques.

L'extension de l'innovation à tous les domaines d'application – économie, éducation, social, environnement, politique, etc. – est l'une des évolutions marquantes de ces cinquante dernières années. L'innovation n'est plus seulement associée à la technologie, aux activités de R&D et à des objectifs économiques, même si ces questions restent prépondérantes. Elle ne se réduit pas non plus à l'introduction de produits, de procédés ou de méthodes nouvelles sur le marché. Plus généralement, elle est devenue une sorte d'idéal universel et dépolitisé, incarnée dans une novlangue et susceptible

1. Michel Callon, « L'innovation technologique et ses mythes », *Annales des Mines-Gérer et comprendre*, 1994, vol. 94, n° 4, p. 5-17.

d'être appropriée par tous les publics : entrepreneurs individuels, grandes entreprises, ONG, acteurs publics, associations, etc.

Cependant, ces innovations sont profondément différentes les unes des autres, aussi bien dans les représentations auxquelles elles se réfèrent, que dans leurs objectifs ou leurs processus. L'innovation technologique, qui se nourrit d'un imaginaire peuplé des exploits d'entrepreneurs qui ont changé le monde et permis à des start-up de devenir des géants comme Apple, Google ou Tesla, n'a rien à voir avec l'innovation sociale qui se nourrit de l'action participative et inclusive orientée vers des objectifs sociaux, à l'instar de Muhammad Yunus, le fondateur de la première banque de microcrédit pour des populations pauvres au Bangladesh, la Grameen Bank. Chaque type d'innovation a son propre modèle, ses héros, ses méthodes, ses objectifs.

L'attractivité de la notion d'innovation tient paradoxalement à son flou conceptuel : flexible, malléable, voire indéterminée, son utilisation est compatible avec l'idée d'une société horizontale, en transformation permanente, où les capacités d'action sont potentiellement réparties entre une multitude d'acteurs aux compétences complémentaires. Dans cette perspective, le flot continu des innovations est le moteur de l'évolution de la société et contribue à son « progrès », qu'il soit social, environnemental, culturel, politique, éducatif ou économique. Car si l'innovation est si prisée, c'est qu'elle bénéficie d'un a priori positif qu'illustre l'univers lexical auquel elle est adossée : créativité, changement, capacité d'adaptation, prise de risque, liberté d'entreprendre, expérimentation, etc. Ces valeurs positives sont intégrées dans une rhétorique où l'innovation, conçue comme le produit d'une démarche créative et entrepreneuriale, bouscule l'ordre établi, les vieilles habitudes et les avantages acquis. L'innovation s'oppose ainsi à l'immobilisme et aux routines qui conduisent inévitablement au déclin. Mal vu au XIXe siècle, l'emprunt à l'imaginaire révolutionnaire est devenu aujourd'hui une référence incontournable : l'innovation est dite « disruptive[1] » ou de rupture, les révolutions technologiques nous promettent des changements radicaux, pour notre bien !

Le sociologue Everett Rogers soulignait déjà en 1962 un tel biais pro-innovation[2] où les bénéfices attendus sont systématiquement mis en avant, plutôt que les conséquences négatives éventuelles liées à son adoption ou que les écarts entre les promesses et les réalisations.

La culture de l'innovation

Toutes ces innovations ont cependant un point commun : elles partagent une même *culture de l'innovation*, c'est-à-dire, pour reprendre la définition de l'historien Joel Mokyr, un ensemble de croyances, valeurs et préférences, susceptibles d'affecter les comportements, qui sont transmises et partagées au sein d'une société[3]. L'intérêt de l'approche de Mokyr est de considérer la culture non pas comme un système de croyances et de conventions figées, mais comme le résultat d'un processus historique de construction sociale. Dans cette perspective, il montre comment, depuis le XVIe siècle, une culture de la croissance s'est progressivement imposée en Occident. Il souligne le rôle qu'a joué dans cette histoire une conception de la « connaissance utile » (*useful knowledge*), inspirée des Lumières, selon laquelle

1. Clayton M. Christensen, *The Innovator's Dilemma: When New Technologies Cause Great Firms to Fail*, Cambridge, MA, Harvard Business Review Press, 1997.

2. Everett Rogers, *Diffusion of Innovations*, New York, Free Press, 1962.

3. Joel Mokyr, *A Culture of Growth: The Origins of the Modern Economy*, Princeton, NJ, Princeton University Press, 2016 ; trad. fr. par Pierre-Emmanuel Dauzat sous le titre *La Culture de la croissance. Les origines de l'économie moderne*, Paris, Gallimard, « Bibliothèque des histoires », 2020.

les connaissances produites doivent être productives, c'est-à-dire trouver des applications concrètes, et ainsi contribuer au progrès. Progressivement intériorisée, la croissance est ainsi devenue cet objectif tenu pour acquis dont la légitimité n'est plus questionnée.

Le projet de ce livre est de mettre en évidence comment une *culture de l'innovation* a progressivement émergé après la Seconde Guerre mondiale pour donner naissance à la *société de l'innovation* contemporaine dans laquelle l'innovation est à la fois cet impératif normatif qui s'impose à tous (individus, entreprises, organisations, États) et le phénomène empirique, centre de toutes les attentions, à la source de la croissance économique et des progrès, quels que soient les sens attribués par les innovateurs et les usagers à cette notion. Mais l'objectif du livre va plus loin : il est d'analyser les limites de cette culture de l'innovation à l'heure de l'Anthropocène et des critiques sur les effets indésirables de la croissance économique à tous crins, et d'identifier les pistes et les principes pour la refonder.

Le propre d'une culture est d'être à la fois omniprésente et impensée dans ses fondements. Il en va ainsi pour l'innovation. Certes, on discute son efficacité, ses effets ou ses méthodes, plus rarement ses postulats, ses croyances et la légitimité de ses buts. Et quand il y a controverse, celle-ci ne porte pas sur le fait d'innover, dont la légitimité est tenue pour acquise, mais sur l'épithète qui y est accolée : une technologie spécifique par exemple, incarnée dans des produits, des méthodes ou des infrastructures, dont les effets négatifs visibles sont stigmatisés.

La culture de l'innovation a acquis un sens concret et universel qui concerne, comme le souligne bien le discours du président de la République cité en exergue, aussi bien les individus, les organisations que l'État lui-même. En tant que personnes, nous sommes tous désormais confrontés dans notre parcours éducatif et notre vie professionnelle à cette injonction d'être innovant. Cette injonction s'opère également au sein des organisations, notamment des plus grandes, qu'elles soient publiques ou privées. L'imaginaire de l'innovation y est omniprésent : il est partout question d'insuffler un esprit entrepreneurial en favorisant des formes d'intrapreneuriat, de former les collaborateurs aux démarches créatives, de mettre en place des incubateurs ou des tiers-lieux pour échanger avec des start-up…

Devenir entrepreneur de soi

La culture de l'innovation véhiculée par les organisations et les discours publics assigne aux individus de nouveaux rôles. L'innovation est présentée comme une opportunité pour ces derniers. Elle doit permettre à chacun, indépendamment de ses performances scolaires, de libérer son potentiel créatif, d'exercer son talent entrepreneurial et de participer à des projets collectifs enthousiasmants qui sont la promesse d'une ascension sociale.

Cette doctrine se matérialise dans des formations à l'innovation et à l'entrepreneuriat dont le nombre a explosé au cours de ces trente dernières années. Insuffler une culture entrepreneuriale est ainsi devenu un objectif de tous : écoles, universités, formation continue.

Ces réflexions rejoignent les analyses de Michel Foucault sur la gouvernementalité où il mettait en évidence, s'appuyant sur les travaux de l'économiste Gary Becker, comment la doctrine néolibérale visait à transformer chaque individu en entrepreneur de soi, appelé à investir dans le développement de son capital humain, considéré comme une ressource à faire fructifier[1].

1. Michel Foucault, *Naissance de la biopolitique. Cours au Collège de France (1978-1979)*, Paris, EHESS/Gallimard/Seuil, 2004.

Quand les discours sur l'innovation rencontrent la doctrine néolibérale de l'adaptation au changement

Le discours d'Emmanuel Macron en 2017 au salon VivaTech donne une parfaite illustration des différentes facettes de cette culture de l'innovation. Elle n'y est pas réduite à une conception purement instrumentale, c'est-à-dire comme la résultante mécanique de l'effort financier du pays en matière de R&D et de l'adoption de méthodes efficaces. Ce qu'il appelle de ses vœux est d'abord un « changement culturel » qui doit concerner l'ensemble de la société, l'État compris. Pour gagner la bataille de l'innovation, explique-t-il, il faut changer « nos modèles de pensée, nos organisations économiques et sociales, nos façons de nous comporter ». Quant à l'action de l'État, elle doit viser à adapter les individus aux changements permanents induits par l'innovation. Il faut « protéger les individus en les formant, en les accompagnant face à des changements brutaux ».

Cette thématique de l'adaptation n'est pas nouvelle. Elle est même au cœur de la doctrine néolibérale, explique la philosophe Barbara Stiegler dans son livre « *Il faut s'adapter* ». *Sur un nouvel impératif politique*[1]. Théorisée par l'économiste Walter Lippmann, conseiller du président Roosevelt dans les années 1930, cette doctrine, empreinte de darwinisme social, se fonde sur l'hypothèse que seuls les individus et les sociétés les plus adaptés survivront à la compétition économique. Contrairement à la doctrine libérale du laisser-faire, qui avait engendré la pire crise économique de l'histoire dans les années 1930, la doctrine néolibérale préconise une intervention étatique pour corriger les défaillances du marché, à travers des politiques éducatives, sociales, sanitaires et

1. Barbara Stiegler, *« Il faut s'adapter ». Sur un nouvel impératif politique*, Paris, Gallimard, « NRF Essais », 2019.

économiques, pour aider la société et les individus qui la composent à s'adapter à des changements permanents. Cette conception est progressivement devenue l'alpha et l'oméga des politiques publiques dans la plupart des grands pays développés.

C'est, par exemple, l'objectif de la société de la connaissance et de l'innovation, promue par l'Union européenne depuis sa stratégie de Lisbonne en 2010 et réaffirmée régulièrement depuis lors. S'adapter, explique Barbara Stiegler, est devenu le nouvel impératif normatif. Elle ajoutait cependant que le but de l'adaptation restait vague et indéterminé. À l'aune de la culture de l'innovation, il est plus clair : il s'agit de préparer les individus, les organisations et la société à faire face aux conséquences d'un flot continu d'innovations et d'être capables, en retour, d'en susciter et d'en conduire de nouvelles.

La doctrine néolibérale de l'innovation a ainsi fait sien le modèle de la « destruction créatrice » de l'économiste autrichien Joseph Schumpeter[1]. En détruisant les situations acquises et en créant de nouvelles opportunités, l'innovation est le moteur de la croissance économique et du progrès des sociétés comme l'expliquent les économistes Philippe Aghion, Cécile Antonin et Simon Bunel dans un ouvrage récent, *Le Pouvoir de la destruction créatrice*[2]. À ce titre, elle peut être orientée et stimulée, grâce à la mise en œuvre de politiques publiques incitatives adaptées.

L'innovation, nouvelle figure dépolitisée du progrès

Ainsi problématisée, l'innovation présente cet avantage par rapport à la notion de progrès héritée des Lumières qu'elle échappe

1. Joseph Schumpeter, *Capitalisme, socialisme et démocratie* (1re éd. en anglais, 1942), Paris, Payot, 1990.

2. Philippe Aghion, Céline Antonin et Simon Bunel, *Le Pouvoir de la destruction créatrice*, Paris, Odile Jacob, 2020.

aux chausse-trapes des discours téléologiques sur le sens de l'histoire. Comme le souligne le physicien Étienne Klein, « croire aux progrès, c'était accepter de sacrifier du présent personnel au nom d'une certaine idée, crédible et désirable, du futur collectif »[1]. . Il constate avec dépit que cette croyance s'est délitée et que la notion de progrès a été remplacée dans les discours par l'innovation, même si les deux mots ne sont pas synonymes. À la différence de la notion de progrès, qui diffusait l'idée qu'existerait une « flèche du temps », guidée par une élite éclairée[2], l'innovation contemporaine propose une autre conception de l'histoire : celle de processus protéiformes, discontinus et hétérogènes, largement imprévisibles, issus d'une société en mouvement où les capacités d'innovation sont distribuées. Dans ce narratif de l'innovation, la métaphore biologique et la conception évolutionniste dominent. Dans le flot continu des innovations générées ne survivront que celles qui auront surmonté l'épreuve de l'application pratique : celle du marché pour les innovations de produits et technologiques mais également celle de l'acceptabilité sociale et de la rencontre avec les usagers. Dans cette approche, nul besoin d'un Grand Architecte ou d'un leader visionnaire. C'est la société, par sa créativité cultivée, qui fabrique son propre destin. Elle est une œuvre collective, patiemment enrichie par une infinité d'initiatives locales.

Le corollaire de cette vision œcuménique est que l'innovation se trouve dépourvue de toute dimension politique et normative. Ainsi dépolitisée, elle est un discours circulant, susceptible de susciter l'adhésion de publics hétérogènes qui n'ont ni les mêmes valeurs ni la même conception du futur. Cette approche de l'innovation est devenue culturelle car elle s'est incarnée dans des

1. Étienne Klein, « Progrès et innovation : quels liens ? », *Raison présente*, vol. 2, n° 210, p. 100-101.

2. Bruno Latour, *Nous n'avons jamais été modernes. Essai d'anthropologie symétrique*, Paris, La Découverte, 1991.

discours, des lois, des programmes, des formations, des stratégies qui ont progressivement infusé dans toute la société, jusqu'aux individus qui en intériorisent les principes et les valeurs.

Les différentes problématisations de l'innovation

Pour comprendre comment une culture contemporaine de l'innovation s'est formée et quels en sont les fondements, il faut mettre au jour la façon dont on parle de l'innovation et dont elle a été conceptualisée. À cet égard, Il faut distinguer le phénomène empirique de la façon dont il a été pensé.

Le phénomène empirique de l'innovation est aussi ancien que l'histoire de l'humanité. L'invention de l'agriculture, de l'écriture, de la roue ou de l'imprimerie et la diffusion massive de ces techniques ont radicalement transformé le cours des civilisations et de l'humanité. Les historiens soulignent que ces innovations étaient cependant peu fréquentes et qu'elles n'ont pas eu d'effet visible sur la croissance économique – hormis peut-être à l'époque romaine où les données manquent – jusqu'à la fin du XVIIIe siècle. La période qui est rétrospectivement appelée « révolution industrielle » coïncide avec l'intensification des innovations et l'accélération de la croissance économique qui dépasse 2 % en moyenne dans les pays occidentaux à partir de 1820[1]. On ne peut cependant pas parler à cette époque de culture de l'innovation pour la bonne et simple raison que le terme est très peu utilisé et a plutôt une connotation négative comme le rappelle le sociologue Benoît Godin[2]. On lui préfère alors les notions d'industrialisa-

1. Joel Mokyr, *A Culture of Growth: The Origins of the Modern Economy*, *op. cit.*

2. Benoît Godin, *Innovation Contested: The Idea of Innovation Over the Centuries*, New York, Routledge, 2015. Et du même auteur, *L'Innovation sous tension. Histoire d'un concept*, Laval (Québec), Presse de l'Université Laval, 2017.

tion, d'invention ou de progrès, comme l'illustre le mouvement saint-simonien. Le rythme des innovations technologiques, au sens où nous l'entendons aujourd'hui, s'intensifie cependant à partir des années 1870 avec la deuxième révolution industrielle (chimie, électricité, pétrole, automobile...) qui est corrélative de la montée en puissance de grandes entreprises dotées de capacités de recherche et d'innovation inédites[1].

Si l'innovation est donc un phénomène ancien, comment est-elle devenue une culture ? Pour répondre à cette question, il faut s'intéresser aux conceptualisations de l'innovation et aux efforts entrepris pour les transformer et les diffuser en langage, méthodes et doctrines qui ont fini par devenir croyances et préférences. La formation de cette culture de l'innovation et les problématisations qui la sous-tendent seront l'objet de la première partie.

Comment arrêter la course effrénée de l'innovation ?

En un siècle à peine, avec le développement de l'automobile, du transport aérien, des villes, de l'électricité, de l'agriculture à haut rendement, des nouvelles technologies de l'information et de la communication, nos vies ont été profondément bouleversées par rapport à celles des générations précédentes. Dans les vingt dernières années, le développement des smartphones et de l'Internet a modifié nos façons de communiquer et notre rapport aux autres. Nous sommes désormais équipés et entourés d'objets et d'infrastructures qui décuplent nos capacités de communiquer, de travailler et de s'informer. Dans les pays développés, la majorité de la population bénéficie d'un confort matériel inimaginable

1. Blanche Segrestin et Armand Hatchuel, *Refonder l'entreprise*, Paris, Seuil, « La république des idées », 2012.

il y a un siècle encore : voiture, logement chauffé, eau courante, ordinateur, smartphone, équipements ménagers, loisirs…

Mais jusqu'où peut-on continuer la course en avant des innovations ? Dans les années 1930, Schumpeter pensait que le flux des innovations ralentirait à un moment donné face à la saturation des besoins. Il n'en a rien été. Sur le plan des besoins, l'histoire récente montre qu'il n'y a pas de limite à la croissance économique. La logique d'innovation continue des entreprises déployée depuis un siècle a précisément consisté, par le développement de toute une série de techniques adaptées (publicité, marketing, design…), à inciter les consommateurs à remplacer les objets anciens, pourtant encore fonctionnels la plupart du temps, par de nouveaux objets, plus performants et plus désirables, voire à créer de nouveaux besoins qui n'existaient pas. Certains de ces objets de consommation ont été élevés, nous explique Roland Barthes, au statut de mythe. Ils sont devenus partie intégrante de notre culture[1].

L'innovation à l'épreuve de l'Anthropocène

La course effrénée à l'innovation a une limite principale, désormais au cœur de l'attention : l'aggravation de la crise écologique, et climatique en particulier. La découverte des destructions écologiques engendrées par certaines innovations technologiques n'est pas nouvelle. Des historiens, comme Jean-Baptiste Fressoz, contestent la thèse que la prise de conscience des impacts environnementaux et sanitaires des technosciences serait récente[2].

1. Roland Barthes, *Mythologies*, Paris, Seuil, 1957.
2. Jean-Baptiste Fressoz, *L'Apocalypse joyeuse. Une histoire inédite du risque technologique*, Paris, Seuil, « L'univers historique », 2012.

Il souligne que les controverses liées aux techniques étaient déjà nombreuses dès le milieu du XIXe siècle où des voix s'inquiétaient des effets de la déforestation sur la modification des climats, de l'impact de l'industrie chimique sur la transformation de l'atmosphère, des vaccins sur la dégénérescence de l'espèce humaine ou des chemins de fer sur la survenue de catastrophes aléatoires. Ces controverses se sont intensifiées depuis les années 1960 avec l'émergence de mouvements sociaux et l'accumulation de preuves scientifiques des impacts de la croissance économique et de la diffusion à grande échelle de certaines technologies sur la destruction des écosystèmes, sur l'épuisement des ressources, sur le changement climatique, sur la survenue de nouveaux risques sanitaires et, plus généralement, sur la diminution de la qualité de vie. Le livre de la biologiste Rachel Carson, *Silent Spring*, paru en 1962, qui dénonçait les effets du DDT sur la destruction des écosystèmes, est probablement le premier best-seller qui traite des impacts écologiques du progrès technologique. Les mouvements écologistes sont nés en réaction aux effets et aux risques majeurs pour l'environnement associés à l'usage des technologies (nucléaire, chimie, automobile, amiante, pétrole, etc.). Ces mobilisations sociales ont certes contribué à l'institutionnalisation de l'écologie comme question politique et d'action publique, mais elles n'ont pas réussi à infléchir durablement la course en avant du progrès. Les indicateurs écologiques, sanitaires et sociaux continuent de se dégrader continûment sous l'effet d'une croissance économique intensive en ressources naturelles et énergies carbonées, génératrice de déchets et de pollutions multiples.

Un rapport de l'Agence européenne pour l'environnement (AEE) de janvier 2021 est, à cet égard, édifiant[1]. Il souligne que les émissions de gaz à effet de serre (GES) ont plus que doublé

1. https://www.eea.europa.eu/publications/growth-without-economic-growth.

entre 1970 et 2018 et n'ont jamais diminué, hormis ponctuellement en 2008, au moment de la crise financière et économique. On observe certes un découplage relatif des émissions de GES par rapport à la croissance du PIB mondial qui a été multiplié par 4,4 sur la même période grâce aux efforts en matière d'efficacité énergétique et de développement de technologies « vertes » (par exemple les énergies renouvelables et l'énergie nucléaire) mais ce progrès relatif ne concerne pas l'empreinte matière (la consommation de ressources non renouvelables) qui a crû au même rythme que la croissance économique. Ainsi, les gains en termes d'émission de CO_2 réalisés sur certaines technologies peuvent, par effet rebond, susciter un accroissement de la consommation de ressources non renouvelables. Par exemple, les progrès dans la consommation d'essence des véhicules thermiques ont été plus que compensés par l'augmentation des distances parcourues et du parc automobile mondial. Par ailleurs, certaines technologies dites « vertes » utilisent davantage de matières premières que celles qu'elles remplacent. Ainsi, un véhicule électrique est-il plus lourd qu'un véhicule thermique de modèle équivalent. Le rapport souligne que, sans un changement radical de modèle de société, il est peu probable que cette tendance s'inverse à l'avenir.

Le rêve d'une transition en douceur et sans douleur vers un développement durable s'éloigne au fur et à mesure que les effets du changement climatique (multiplication des phénomènes extrêmes, montée des eaux, fonte des glaciers, etc.) s'accentuent.

Pour évoquer cette situation où les activités humaines menacent l'équilibre à long terme de la planète et, par contrecoup, la survie de l'espèce humaine elle-même, un mot a été inventé par le chimiste Paul Crutzen : l'Anthropocène. L'enjeu de l'Anthropocène, disent les historiens Christophe Bonneuil et Jean-Baptiste Fressoz, n'est plus seulement la protection d'un environnement naturel qui nous serait extérieur, il est, en préservant la planète, de sauver l'espèce humaine qui vit en symbiose avec la Terre[1].

Les mirages de l'innovation techno-centrée

Quel est le rôle des innovations dans la crise écologique actuelle ? Il est profondément ambivalent. Incontestablement, les innovations passées, qu'elles soient technologiques, financières ou de méthodes, ont joué d'un grand poids dans la crise actuelle : en participant à l'accélération de la croissance économique, elles ont contribué à la crise écologique et sanitaire.

Mais, dans le même temps, les techno-optimistes nous expliquent que la réponse à la crise écologique réside dans… l'innovation technologique. L'effort doit d'abord porter sur le volet production, c'est-à-dire sur la génération d'innovations « vertes » (solaire, éolien, voiture électrique…) qui permettent de remplacer les énergies carbonées par des énergies renouvelables.

Le rêve technologique continue d'ailleurs à imprégner nos imaginaires. Dans un numéro spécial d'août 2021 dédié aux innovations, le magazine *Capital* se livrait à un exercice de politique-fiction : comment vivrons-nous en 2025, 2030 et 2040[2] ? Se fondant sur une enquête auprès d'experts, le magazine déploie et met en scène tout l'imaginaire technophile et transhumaniste pour imaginer le monde de demain : des villes connectées et écologiques équipées de panneaux photovoltaïques, de façades végétalisées, de fermes urbaines ; une agriculture high-tech pilotée à

1. Christophe Bonneuil et Jean-Baptiste Fressoz, *L'Événement Anthropocène. La Terre, l'histoire et nous*, Paris, Seuil, 2013.

2. *Capital*, n° 359, numéro spécial *Innovations. Comment nous vivrons en 2025, 2030, 2040…*, août 2021.

distance et utilisant des variétés résistantes et des insectes pour nourrir la planète sans la polluer ; des thérapies géniques et cellulaires nous permettant de vaincre le cancer, tandis que munis de divers implants nous serons devenus nous-mêmes des objets connectés ; quant à la mobilité, on nous promet de circuler propre en véhicule électrique et autonome.

Comment parvenir à orienter l'effort d'innovation dans cette direction ? Les économistes *mainstream*, qui ont l'oreille des princes, ont une réponse simple : les incitations. Partant de l'hypothèse que le système d'innovation réagit mécaniquement aux incitations, il faut donc le modifier (taxe carbone, marchés de droits à polluer, systèmes de bonus/malus, paiement des services écosystémiques, subventions à la R&D…) de sorte que les agents économiques s'orientent naturellement vers des innovations plus vertueuses[1]. Pour preuve, nous dit-on, il a suffi de changer les incitations économiques pour que l'innovation dans les énergies renouvelables ou les véhicules électriques s'intensifie. Que faut-il penser d'une thèse aussi simpliste ? Pour résoudre la crise écologique, suffit-il de développer des innovations « vertes » encouragées par des incitations bien conçues ?

Les limites du raisonnement incrémental

Le raisonnement sous-jacent est erroné pour trois raisons. En premier lieu, il est l'illustration du piège du système technicien au sens de Jacques Ellul[2]. La société technicienne, explique Ellul, est le primat, à tous les niveaux de la vie économique et sociale, d'un raisonnement technicien, qu'il soit issu de l'ingénierie, de

1. Philippe Aghion, Céline Antonin et Simon Bunel, *Le Pouvoir de la destruction créatrice*, *op. cit.*
2. Jacques Ellul, *Le Système technicien*, Paris, Calmann-Lévy, 1977.

l'économie ou de la gestion. Dans cette perspective, la réponse logique à tout problème est nécessairement technique. Il est ainsi logique que la réponse à une crise écologique en partie engendrée par la technique soit elle-même technique…

Si l'on prend au sérieux la thèse d'Ellul, il faut donc s'interroger sur la résilience des systèmes techniques traditionnels et des énergies carbonées. Pourquoi est-ce si difficile de s'en passer et de les changer ? La problématique ne se limite pas à la conception de nouvelles techniques plus efficaces toutes choses égales par ailleurs ; elle doit englober une réflexion sur les infrastructures matérielles et cognitives qui les soutiennent. Par exemple, le système automobile ne se limite pas aux véhicules ; il englobe les routes, les parkings, les ponts, les garages, la production de carburant, les stations-service… et tous les savoirs et métiers qui contribuent à faire vivre et à alimenter ce système. Il a également des conséquences sur l'urbanisme puisque l'étalement urbain et l'artificialisation des sols ont été rendus possibles par l'usage de la voiture. Les investissements faits par les pouvoirs publics dans les routes sont autant d'investissements qui ne sont pas faits dans les transports en commun ou dans des systèmes de mobilité douce alternatifs.

Comme le suggère Jean-Baptiste Fressoz, il faut ainsi étudier non pas des techniques ou des systèmes énergétiques considérés isolément les uns des autres mais des symbioses techniques et énergétiques, c'est-à-dire établir tous les liens de dépendance et les effets rebonds qu'engendre le développement des innovations technologiques[1].

1. Jean-Baptiste Fressoz, « Pour une histoire des symbioses énergétiques et matérielles », *Annales des Mines-Responsabilité et environnement*, vol. 101, n° 1, 2021, p. 7-11.

Les risques de transferts de pollution

À cet égard, et en second lieu, les fameuses technologies « vertes » utilisent massivement des matériaux (béton, acier, métaux rares, verre) qui sont énergivores et consomment des ressources naturelles non renouvelables (fer, charbon, sable, métaux, etc.), sans compter les matériaux et l'énergie nécessaires à la construction des infrastructures qui les soutiennent (routes, ponts, réseaux de distribution, etc.). Ces innovations ont donc une empreinte matérielle forte mais, surtout, différente des précédentes technologies. En analysant les impacts de ces technologies sur l'ensemble de leur cycle de vie, depuis la conception jusqu'à leur fin de vie en passant par les phases de production et de l'usage, on observe des transferts de pollution : les émissions de CO_2 des énergies « vertes » baissent fortement en moyenne mais elles engendrent de nouvelles pollutions comme la consommation importante de métaux rares, dont l'extraction est polluante, et qui pose des problèmes géopolitiques d'approvisionnement, comme le met en évidence le journaliste et essayiste Guillaume Pitron dans *La Guerre des métaux rares*[1]. L'Agence européenne pour l'environnement (AEE) estime que l'extraction et la transformation des matériaux représentent 50 % des émissions globales de gaz à effet de serre[2].

Cette analyse vaut également pour les technologies de l'information, dites « immatérielles », qui ont, de fait, une empreinte environnementale importante car elles ont besoin d'infrastructures matérielles (terminaux, serveurs et réseaux physiques) pour fonctionner. Selon un rapport du Sénat, le numérique représentait en

1. Guillaume Pitron, *La Guerre des métaux rares. La face cachée de la transition énergétique et numérique*, Paris, Les liens qui libèrent, 2018.

2. https://www.eea.europa.eu/publications/improving-the-climate-impact-of.

2020 en France 2 % des émissions de GES. Mais avec l'augmentation du trafic et de la puissance requise pour des applications de plus en plus gourmandes en mémoire et données, il pourrait représenter 7 % des émissions de GES en 2040, soit davantage que le secteur aérien[1].

Au-delà des technologies matérielles, changer les technologies économiques et de gestion

En troisième lieu, le système technicien ne se limite pas aux technologies matérielles, il englobe l'infrastructure cognitive économique et gestionnaire (indicateurs, outils, techniques de gestion) qui la sous-tend et formate nos modes de pensée. À cette aune, penser qu'il suffit de modifier cette infrastructure à la marge en introduisant quelques incitations serait une grave erreur d'analyse.

Tant que les fondements de la culture de la croissance et de l'innovation n'auront pas été changés, il y a peu de chances que les modes de fonctionnement évoluent. À cet égard, l'obsession de la croissance économique, mesurée à travers le PIB, c'est-à-dire la somme des valeurs ajoutées générées par les activités économiques d'un pays, s'est avérée un piège mortel. Cet indicateur a continué à croître, laissant penser à une augmentation du niveau de vie. Il s'agissait en fait d'une illusion.

Comme le rappellent Bonneuil et Fressoz, depuis le début des années 1970, la croissance économique dans les pays développés a certes crû de 2 % par an mais l'indice de développement humain (IDH) qui cherche à mesurer le bien-être de façon plus large à partir de différents indicateurs a, quant à lui, stagné. En effet, la

1. Rapport du Sénat, *L'Empreinte environnementale du numérique*, n° 555, 2020. http://www.senat.fr/rap/r19-555/r19-555_mono.html.

croissance ne mesure pas tous les impacts négatifs non monétaires engendrés par le développement des activités humaines et technologiques : dégradation des sols, destruction des forêts primaires, perte de biodiversité, pollution des rivières et des océans, augmentation des températures, impact sur l'espérance de vie, accroissement des inégalités et des problèmes sanitaires. Ces « externalités négatives », situées hors de la sphère marchande, ne sont tout simplement pas prises en compte dans les systèmes d'évaluation de la richesse. Tout se passe comme si la planète vivait à crédit. Or ces dégradations ont un coût économique et social considérable qui n'est visible qu'avec un décalage temporel important.

Ces critiques sont connues depuis fort longtemps[1] mais l'indicateur qu'est le PIB et la technologie de gestion qui l'alimente (la comptabilité nationale) résistent pourtant. Il faut dire que le PIB a un avantage crucial pour les pouvoirs publics : c'est un excellent prédicteur des recettes fiscales.

Au-delà du PIB, toute une série de technologies de gestion fondées sur une logique de croissance formatent nos raisonnements et nos modes de pensée : indicateurs financiers et de rentabilité pour mesurer la rentabilité des projets et des entreprises, indicateurs de productivité et de croissance du chiffre d'affaires. Toutes les techniques fondées sur l'actualisation favorisent les raisonnements à court terme au détriment du long terme. L'actualisation est cette opération qui consiste à minorer la valeur d'une recette dans le futur par rapport à une recette aujourd'hui. À l'investissement dans un parc éolien coûteux en investissements mais générant des recettes sur le long terme, on préférera investir dans une centrale au charbon ou au gaz dont la rentabilisation

1. Voir Jean Gadrey et Florence Jany-Catrice, *Les Nouveaux Indicateurs de richesse*, Paris, La Découverte, 2007.

de l'investissement initial est beaucoup plus rapide. Cette préférence pour le présent qu'exprime le taux d'actualisation est un frein majeur au développement de nouvelles technologies. À cette aune, les investissements des « majors » pétrolières dans les énergies renouvelables sont toujours moins rentables que celles dans les énergies carbonées. Malgré les réserves financières gigantesques dont elles disposent, ces entreprises répugnent à investir massivement dans une transition énergétique qui pourrait dégrader leurs indicateurs de performance à court terme, dont dépend leur performance boursière, malgré la certitude que leur modèle d'affaires n'est pas soutenable à long terme. Tant que cette infrastructure économique et gestionnaire ne sera pas modifiée, les agents économiques et les acteurs sociaux seront soumis à des injonctions contradictoires impossibles à concilier.

Pourquoi innover autrement ?

Si l'on prend au sérieux les conséquences de l'Anthropocène, il faut donc en tirer les conséquences sur la conduite de l'innovation et sortir du biais pro-innovation qui nous rend aveugles à l'examen de toutes les conséquences, y compris négatives, de l'innovation.

Comme nous l'avons vu, toutes les innovations, technologiques ou non, n'ont pas des effets positifs pour la société même si elles créent à court terme de la valeur économique pour les innovateurs. Cet arbitrage entre bénéfices privés à court terme et bénéfices sociaux à long terme de l'innovation ne peut être qu'imparfaitement pris en compte par les signaux économiques que l'on ne peut pas changer brutalement du jour au lendemain sans engendrer de violentes révoltes sociales, comme l'a illustré la crise des Gilets jaunes en France.

L'objectif de ce livre n'est ni de faire le procès de l'innovation ni de faire la promotion de la décroissance. Il s'agit plutôt d'explorer comment des formes d'innovation plus sobres, soutenables et responsables peuvent contribuer à l'émergence d'un modèle de « post-croissance » où les enjeux de santé, de qualité de vie, de préservation des écosystèmes et de la biosphère comptent davantage que l'accumulation de biens matériels et l'obsession de la productivité[1]. « La post-croissance envisage le développement économique sous l'angle de sa compatibilité avec la soutenabilité sociale et environnementale. Dans cette perspective, les modèles productifs, de consommation, et les organisations sociales, devraient être prioritairement orientés vers la réponse aux besoins fondamentaux, tout en prenant soin de la santé sociale et du patrimoine écologique », expliquent la sociologue Dominique Méda et l'économiste Florence Jany-Catrice dans leur livre, *Faut-il attendre la croissance ?*[2]. C'est en quelque sorte à la refondation d'une *économie désirable*, débarrassée de la dépendance aux technologies thermo-fossiles, pour reprendre le titre d'un essai récent du sociologue Pierre Veltz, qu'il s'agit de s'atteler sans tarder[3]. L'innovation peut être utile et nécessaire dès lors qu'elle est compatible avec ce modèle de post-croissance.

Dans cette perspective, les innovations, grandes ou petites, doivent être soumises à des normes éthiques, des principes de responsabilité, des règles de gouvernance et des règles d'évaluation pour en évaluer la pertinence, la désirabilité, et, en fin de compte, la légitimité sociale qui ne peut être tenue pour

1. Dominique Méda, Isabelle Cassiers et Kevin Maréchal, *Vers une société post-croissance. Intégrer les défis écologiques, économiques et sociaux*, La Tour-d'Aigues (Vaucluse), Éditions de l'Aube, 2017.

2. Dominique Méda et Florence Jany-Catrice, *Faut-il attendre la croissance ?*, Paris, La Documentation française, 2e éd., 2022, p. 80.

3. Pierre Veltz, *L'Économie désirable. Sortir du monde thermo-fossile*, Paris, Seuil, 2021.

acquise. Pour cela, il faut non seulement changer les modalités de conduite de l'innovation mais, plus fondamentalement, revoir les fondements de la culture de l'innovation pour y introduire des dimensions normatives sur la responsabilisation des innovateurs sur les conséquences à long terme de leurs actions et la prise en compte des impacts de l'innovation dans toutes leurs dimensions systémiques.

Les enjeux de l'innovation responsable

L'un des pionniers qui ont montré les enjeux de repenser la conception de la responsabilité à l'heure de la puissance technologique est le philosophe Hans Jonas, dans son célèbre essai *Le Principe responsabilité. Une éthique pour la civilisation technologique*, paru en 1979[1]. Il y défend l'idée que les conséquences potentiellement catastrophiques pour la survie de l'humanité et du système Terre des développements technologiques requièrent la mise en œuvre d'un principe de *responsabilité projective*, orienté vers le futur et notamment envers les générations futures. Ce principe de responsabilité projective s'oppose à la conception juridique traditionnelle rétrospective, tournée vers le passé, et fondée sur la recherche d'imputations causales à l'origine d'un dommage.

Ce type de réflexion commence à faire son chemin chez les praticiens et les acteurs publics : c'est la problématique de *l'innovation responsable,* qui a été notamment impulsée par la Commission européenne depuis une dizaine d'années. Inspirée des

1. Hans Jonas, *Le Principe responsabilité. Une éthique pour la civilisation technologique* (1re éd. en allemand sous le titre *Das Prinzip Verantwortung. Versuch einer Ethik für die technologische Zivilisation*, 1979), Paris, Flammarion, « Champs essais », 2013.

principes d'une démocratie dialogique, cette doctrine propose que le principe de responsabilité projective s'incarne dans un nouveau cadre de gouvernance de l'innovation plus ouvert au dialogue avec des parties concernées. Plusieurs principes sont édictés : les programmes d'innovation doivent, dès leur conception, intégrer une approche réflexive qui anticipe les conséquences sociales et environnementales de leur déploiement, inclure des débats contradictoires avec différentes parties prenantes (usagers et parties concernées) et répondre à leurs attentes et à leurs demandes. Même si le modèle de l'innovation responsable est intéressant, il est cependant trop limité à la mise en pratique volontaire de quelques principes de gouvernance pour constituer une réponse à la hauteur des enjeux environnementaux et sociétaux actuels.

Il faut également envisager le problème de façon plus large pour envisager les différents dispositifs de responsabilisation qui peuvent être mis en œuvre sur le plan juridique, politique, économique ou en matière de gouvernance d'entreprise, sans oublier d'équiper les acteurs de méthodes et d'instruments pour rendre visibles les impacts potentiels des projets d'innovation. D'une certaine façon, ces évolutions juridiques et doctrinales prennent acte que la liberté d'entreprendre ne peut plus être sans limites à l'heure de l'Anthropocène.

Comme l'explique le philosophe Pierre Charbonnier, la civilisation moderne depuis les Lumières, fondée sur l'idée de progrès et de liberté d'entreprendre, s'est construite sur une hypothèse d'abondance des ressources disponibles, notamment naturelles[1]. La prise de conscience des capacités limitées de la planète devrait conduire à repenser les modalités d'action collective et les conditions dans lesquelles une liberté d'entreprendre peut s'exercer.

1. Pierre Charbonnier, *Abondance et liberté. Une histoire environnementale des idées politiques*, Paris, La Découverte, 2020.

Vers des innovations sobres et responsables ?

Comment innover autrement ? À quoi pourraient ressembler les innovations de demain qui répondent aux principes de responsabilité projective et qui participent à l'avènement d'une société authentiquement soutenable ? La plupart sont encore inconnues mais l'on peut d'ores et déjà identifier certaines pistes et en discuter le potentiel.

La première piste est de penser, au-delà du high-tech, à des innovations qui ont des impacts positifs sur l'environnement et la société et qui permettent de fonder des modèles économiques plus résilients aux événements climatiques et aux crises sanitaires auxquels nous sommes confrontés. La créativité et l'action collective peuvent ainsi s'exercer aussi bien dans le domaine de l'agroécologie, de modèles de services associés aux principes de l'économie circulaire que dans celui des *low-tech*.

Parallèlement, l'innovation peut être également pensée et réorientée vers de nouvelles formes de production et de consommation plus sobres. Le concept de sobriété est souvent l'objet de malentendus. Il ne s'agit pas, pour utiliser la formule désormais consacrée, de « revenir à la lampe à huile ». C'est une démarche systémique qui, nous dit Valérie Guillard, professeure de marketing et auteure de différents ouvrages sur le sujet[1], replace les besoins dans une relation de qualité au monde. Il s'agit de considérer la consommation comme un moyen et non comme une fin, et de concevoir des systèmes d'offre en lien avec des besoins qui soient compatibles avec les limites de la planète et avec le bien-être des populations. La satisfaction des besoins passe-t-elle

1. Valérie Guillard (dir.), *Du gaspillage à la sobriété. Avoir moins et vivre mieux ?*, Bruxelles, De Boeck, 2019.

nécessairement par l'achat de produits neufs ou la construction de nouvelles infrastructures ? N'est-il pas possible d'allonger leur durée de vie par la maintenance, la réparation, la seconde vie des objets et des infrastructures ou encore l'intensification ou le partage des usages ? Ne peut-on imaginer des systèmes agricoles fondés sur les principes de l'agroécologie et de la permaculture, qui évitent l'utilisation toujours croissante d'intrants chimiques ou d'organismes génétiquement modifiés ? Dans cette perspective, la sobriété peut être considérée comme une démarche qui vise à modérer la consommation et la production en partant d'un questionnement sur les besoins fondamentaux et qui promeut des innovations économes en ressources naturelles. Ces stratégies recèlent des potentiels de développement considérables, à la fois sur le plan économique, écologique, et en matière de création d'emplois locaux.

Ce type d'innovations remet également en question la tendance systématique à rechercher une sophistication technologique. Non pas que le high-tech ne puisse être utile mais il faut faire preuve de discernement dans son utilisation lorsque c'est absolument nécessaire. Concevoir un produit en vue de sa maintenance, de sa réparabilité, de sa durabilité ou de sa recyclabilité implique le plus souvent de réintroduire des principes de simplicité et de robustesse, voire d'explorer à nouveau le potentiel des low-tech comme le suggère l'ingénieur Philippe Bihouix dans *L'Âge des low tech*[1].

Ces évolutions participent, plus largement, d'un mouvement où des acteurs locaux cherchent à explorer des modèles économiques et productifs localisés, fondés sur des systèmes techniques plus faciles à maîtriser et a priori plus résilients face à la

1. Philippe Bihouix, *L'Âge des low tech. Vers une civilisation technique soutenable*, Paris, Seuil, 2014.

multiplication des événements extrêmes. S'il en était besoin, la crise sanitaire de la Covid-19 a souligné l'extrême vulnérabilité de nos systèmes économiques insérés dans des chaînes de valeur globales qui nous rendent dépendants de fournisseurs lointains et des restrictions d'approvisionnement éventuelles imposées par leurs gouvernements.

Les pouvoirs publics semblent commencer à prendre la mesure de ces enjeux comme l'atteste la loi dite « anti-gaspillage et économie circulaire » (loi AGEC) votée en 2020 en France, qui est la première loi au monde qui instaure des mesures en faveur de la réparation, de la réparabilité et de la durabilité des produits. Mais les obstacles demeurent. Réparer, maintenir, réutiliser sont des activités encore peu valorisées par les producteurs et les utilisateurs. Ces stratégies se heurtent à celles de nombreux producteurs et acteurs de la distribution qui continuent à fonder leur modèle d'affaires[1] sur la vente de produits neufs. Les mobilisations sociales à l'encontre du Black Friday, grande fête de la consommation, montrent cependant que les choses bougent. Faire évoluer les mentalités et les pratiques prendra du temps. C'est l'enjeu de la génération d'*innovations sobres* et *responsables*.

1. Le modèle d'affaires est une notion issue de la pratique qui désigne une représentation systémique et synthétique de la façon dont une entreprise génère et capte de la valeur économique.

Première partie

La formation d'une culture de l'innovation

Comment l'innovation s'est-elle progressivement imposée dans les cinquante dernières années comme une culture universelle, valorisée dans tous les pays et par des acteurs aussi hétéroclites que des start-up de la Silicon Valley, des entrepreneurs sociaux de pays émergents, des acteurs publics, des grandes entreprises privées, selon des modalités variées ? Comment un ensemble de croyances et de valeurs associées à l'innovation, incarné dans un langage, des principes et des méthodes spécifiques, a-t-il émergé et comment s'est-il diffusé au point que plus personne n'en discute aujourd'hui la légitimité ?

Pour comprendre cette énigme, une enquête historique est nécessaire afin de mettre au jour trois phénomènes explicatifs.

En premier lieu, l'enquête historique vise à mieux saisir comment les usages du mot innovation et ses conceptualisations ont évolué au fil du temps. Dans son sens moderne, l'innovation a une connotation positive et est associée de près ou de loin dans l'imaginaire collectif à la technique et à la créativité. Elle est censée contribuer, par l'introduction de nouveautés, au progrès, quelle que soit la forme dans laquelle celui-ci s'incarne. À ce titre, elle doit être stimulée par des politiques publiques adaptées et par des stratégies d'entreprise. Cette conception, qui semble si évidente à nos contemporains, est pourtant récente. À son origine, à l'époque romaine et jusqu'au XIXe siècle, le mot innovation n'avait rien à voir avec l'économie ou la technique. Il a longtemps revêtu un sens politique. Ce n'est qu'au tournant du XXe siècle qu'une signification plus économique a commencé à émerger. Mais c'est avec Joseph Schumpeter que la conception moderne de l'innovation, comme moteur de la croissance économique et associée à l'action d'entrepreneurs, a été théorisée et progressivement fixée dans l'imaginaire et les représentations collectives.

En deuxième lieu, cette enquête historique permettra de mettre en évidence l'évolution du phénomène empirique de l'innovation qui a, comme souvent, largement précédé sa théorisation. Les innovations, notamment technologiques, au sens où nous l'entendons aujourd'hui, sont aussi vieilles que l'histoire de l'humanité. La roue, le moulin ou l'imprimerie, pour prendre trois exemples connus, ont profondément transformé la vie sociale de leurs contemporains, mais elles ont eu un impact limité sur l'accroissement des richesses économiques, nous disent les historiens. Le décollage économique, mesuré par le taux de croissance économique, s'est produit avec les deux révolutions industrielles du XIXe siècle qui correspondent à l'introduction et à la diffusion d'innovations technologiques majeures (machine à vapeur, chemin de fer, électricité et chimie pour prendre les exemples emblématiques). Cette accélération n'est pas le fruit du hasard ou de la génération spontanée d'entrepreneurs individuels.

Innover suppose en effet une liberté d'action pour se lancer dans des entreprises risquées et l'existence d'un État de droit permettant aux innovateurs, en particulier à ceux qui en escomptent un bénéfice économique, de protéger leurs droits de propriété et les contrats qu'ils sont susceptibles d'établir. Autrement dit, pour que les innovations se soient multipliées au XIXe siècle, il a fallu que des conditions de possibilité institutionnelles aient émergé. Invoquer l'avènement d'un système capitaliste et d'un libéralisme politique est une explication trop rapide et englobante. L'analyse détaillée de la formation de ces conditions de possibilité dépasse le cadre de ce livre. Indiquons, en nous appuyant sur les travaux historiques de Joel Mokyr et sur l'ouvrage récent de Pierre-Yves

Gomez[1] sur le capitalisme, plusieurs évolutions et innovations institutionnelles qui ont constitué des conditions de possibilité d'un régime d'innovation : développement d'États-nations suffisamment forts pour imposer le respect des lois ; instauration de systèmes juridiques et contractuels pérennes (droit des brevets, droit de la concurrence, droit commercial…), en particulier avec l'instauration d'un droit des sociétés moderne dans les pays occidentaux qui instaure la liberté d'entreprendre et introduit un principe de responsabilité permettant aux entrepreneurs de se lancer dans des affaires aventureuses sans risquer la ruine ; développement du système bancaire et de marchés boursiers permettant de lever des capitaux à grande échelle ; libéralisation des échanges qui a permis d'élargir les débouchés potentiels des innovateurs ; développement d'institutions scientifiques et d'enseignement, etc.

L'accélération du rythme des innovations, notamment technologiques, dans la fin du XIXe siècle a partie liée, nous disent différents auteurs, avec l'accès à des ressources naturelles abondantes et peu chères à extraire grâce au progrès technique[2] et avec la naissance de grandes entreprises industrielles aux méthodes de production, de conception et d'organisation rationalisées[3].

En troisième lieu, nous étudierons les conceptualisations successives de l'innovation et l'émergence de doctrines publiques et privées pour la gérer, l'organiser et la guider. Dans cette optique, nous partirons de l'analyse du travail pionnier de Joseph Schumpeter qui a cherché à caractériser les processus d'innovation, leur diffusion sous forme de « grappes technologiques » et également l'émergence d'une fonction entrepreneuriale qui est le moteur de l'innovation. Nous étudierons ensuite les multiples travaux, issus de disciplines variées, qui, depuis la Seconde Guerre mondiale,

1. Pierre-Yves Gomez, *Le Capitalisme*, Paris, PUF, « Que sais-je ? », 2022.

2. François Jarrige et Alex Vrignon (dir.), *Face à la puissance. Une histoire des énergies alternatives à l'âge industriel*, Paris, La Découverte, 2020.

3. Voir Blanche Segrestin et Armand Hatchuel, *Refonder l'entreprise, op. cit.*

ont visé à mieux comprendre et théoriser les métamorphoses de l'innovation pour influencer la formation de doctrines de gestion et d'action publique. La généalogie conjointe des usages du mot innovation, du phénomène empirique que ce terme désigne et de sa première conceptualisation par Schumpeter sera l'objet du chapitre 1 de cette première partie.

Si l'innovation est un phénomène ancien, comment est-elle devenue une culture ? Pendant des décennies, les innovations se sont multipliées sans qu'elles soient théorisées ou fassent l'objet de politiques publiques spécifiques. Les économistes contemporains évoquent un « paradigme schumpétérien » lorsqu'ils évoquent les politiques contemporaines de l'innovation. Nous montrerons que cette analyse est simplificatrice et largement erronée. Il convient d'analyser la formation d'une culture contemporaine de l'innovation comme le produit et la combinaison de trois modèles successifs : le modèle linéaire techno-centré de l'innovation, forgé dans l'après-guerre, qui met l'accent sur le rôle de la science et des programmes publics et privés de R&D dans le développement de grandes innovations technologiques ; le modèle de l'innovation ouverte où la figure des start-up et leur agglomération locale dans les clusters sont redécouvertes à partir des années 1980 et le modèle de l'innovation disruptive qui met en évidence que les innovations de rupture, qui changent les règles du jeu, émanent rarement des entreprises établies mais des nouveaux entrants ; le modèle de l'innovation sociale, de l'innovation verte et celui de l'innovation frugale, tournées vers de nouveaux objectifs sociétaux, qui étendent l'innovation à de nouveaux publics (le tiers-secteur, les entrepreneurs des pays émergents) et mettent en œuvre de nouvelles méthodes dont cherchent à s'inspirer les grandes entreprises des pays développés. C'est l'analyse de la formation de ces trois conceptualisations de l'innovation et de leur hybridation qui fera l'objet du chapitre 2. Elle permettra de mettre en évidence et en discussion ce qui fait aujourd'hui culture dans la conception universelle et dépolitisée de l'innovation.

Chapitre 1

De quoi l'innovation est-elle le nom ?

« Les mouches, les insectes et les microbes malfaisants, dit notre confrère du *Daily Mirror*, sont détruits par millions grâce à la fumée des autos et à leur nombre toujours croissant. [...] Un des chimistes les plus connus de Londres a déclaré à notre confrère : "La fumée des autobus et des voitures est à n'en pas douter un puissant insecticide. La vapeur qui sort de l'échappement est non seulement insecticide, mais comme matière carbonique, elle nettoie l'air de ses germes et autres impuretés." Les Londoniens ont toujours considéré ces vapeurs comme une gêne. En réalité, elles sont excellentes pour leur santé. Un marchand de fruits du Strand a également noté l'absence de mouches à son étalage cette année[1]. »

Cet extrait illustre un phénomène bien connu appelé, par le sociologue Everett Rogers, « le biais pro-innovation ». À ses débuts, l'automobile était parée de toutes les vertus car elle permettait, nous explique ce chimiste, d'éviter les nuisances engendrées par l'omniprésence du cheval dans les villes, en particulier le crottin qui envahissait les rues et dégageait des odeurs pestilentielles, alors que les fumées d'échappement constituaient, à l'inverse, un puissant insecticide.

1. Jacques Borgé et Nicolas Viasnoff, *Archives de l'automobile*, « La fumée des voitures est un bienfait », *Le Journal*, 1910, p. 13, Bray-et-Lû (Val-d'Oise), Éditions Michèle Trinckvel, « Archives des métiers », 1995.

Les métamorphoses des sens du mot innovation

Pourtant, l'innovation n'a pas toujours eu cette connotation positive. Dans son remarquable travail généalogique de la catégorie d'innovation, Benoît Godin nous rappelle que le sens et les usages du mot innovation n'ont cessé d'évoluer au fil du temps et que le terme a même pu revêtir un sens péjoratif à certaines périodes[1]. Mais quelle est son origine ? Remontons le temps…

Godin indique que le concept d'innovation est d'origine grecque (*kainotonomia*, καινοτομία) et date du ve siècle avant Jésus-Christ. Le terme est dérivé de *kainos* (καινός – « nouveau ») et signifie « couper franchement ». Il est utilisé par les Grecs à la fois dans un contexte concret (par exemple, ouvrir une mine) et dans un sens abstrait (introduire une nouveauté). Chez les philosophes grecs, il acquiert un sens métaphorique : l'introduction d'un changement politique contraire aux lois et aux coutumes établies. Le terme est notamment utilisé dans le domaine du droit pour désigner le renouvellement des lois et des décrets. Cette conception reste dominante pendant une longue période. Les dictionnaires datent l'apparition du néologisme « innovation », issu du bas latin *innovatio*, du XIIIe-XIVe siècle. Godin indique ainsi que le terme est utilisé par Nicolas Machiavel dans *Le Prince* (1513) comme une stratégie des gouvernants visant à conserver le pouvoir en remplaçant les institutions anciennes par de nouvelles. Il note cependant que Machiavel utilise le terme d'innovation dans les *Discours* (1517) dans un sens tout à fait différent pour désigner l'imitation des accomplissements des grands hommes du passé. Quel est le point commun entre ces deux usages du mot innovation ? Contrairement aux Romains,

1. Benoît Godin, *L'Innovation sous tension. Histoire d'un concept*, *op. cit.*

nous dit Godin, l'innovation ne vise pas à cette époque la révolution mais, bien au contraire, la stabilité.

La notion change encore de sens aux XVIIe et XVIIIe siècles. L'innovation revêt alors une connotation négative chez les membres du clergé, de la monarchie ou chez les pamphlétaires. Le terme est ainsi utilisé dans un sens péjoratif et comme argument rhétorique pour dénoncer ceux qui cherchent à transgresser l'ordre établi. Ainsi, les républicains, les protestants réformateurs de l'Angleterre du XVIIe siècle ou les révolutionnaires français sont accusés d'être des innovateurs dans un sens politique associé à la violence et à la révolution.

Jusqu'à la fin du XIXe siècle, le mot innovation est parfois utilisé dans la pratique pour désigner l'introduction de nouveautés, mais cet usage demeure occasionnel. Aucune théorisation n'y est associée. On lui préfère alors les termes de progrès, d'invention et surtout d'industrie. La doctrine saint-simonienne, très active dès les années 1820, promeut l'industrialisme, c'est-à-dire la confiance dans le développement industriel comme condition du progrès économique et social, de la liberté et de l'émancipation des individus. Saint-Simon conçoit l'industrialisme comme le produit de l'association des compétences en rupture avec le système féodal. Auguste Comte, disciple de Saint-Simon, s'attache à en préciser les fondements sociologiques et théoriques. Il s'agit de passer d'un âge théologique et féodal à un âge positif et industriel fondé sur la raison et le développement de la science. Dans la perspective saint-simonienne, explique l'ingénieur et essayiste Pierre Musso, dans son ouvrage *La Religion industrielle*, l'industrie est une nouvelle vision du monde qui vise un changement social[1].

1. Pierre Musso, *La Religion industrielle. Monastère, manufacture, usine. Une généalogie de l'entreprise*, Paris/Nantes, Fayard/Institut d'études avancées de Nantes, 2017.

Cette focalisation sur l'activité industrielle et les usines est tout à fait visible chez les grands penseurs de l'époque comme Marx ou Proudhon. L'expression de révolution industrielle est introduite par l'économiste Adolphe Blanqui dans son cours de l'économie politique en 1837. Elle est reprise par différents auteurs de l'époque dont Friedrich Engels et popularisée par l'historien Arnold Toynbee dans son ouvrage, *The Industrial Revolution*, issu de leçons données en 1881-1882[1].

L'invention pour désigner les forces du progrès

À la fin du XIXe siècle, un autre terme apparaît pour désigner les forces du progrès : l'invention. C'est en effet une période de glorification de la figure des inventeurs et des merveilles de la science. Louis Figuier, le vulgarisateur scientifique le plus connu de la fin du XIXe siècle en France, illustre cette fascination pour le progrès scientifique incarné dans de grandes inventions techniques. Parmi ses ouvrages les plus populaires, son livre sur *Les Grandes Inventions modernes dans les sciences, l'industrie et les arts* (1859), réédité de multiples fois entre 1859 et 1912, illustre la façon dont l'invention est conceptualisée à cette époque[2]. Le livre est construit autour de grandes inventions qui ont révolutionné l'industrie et la société : les machines à vapeur, la locomotive et le chemin de fer, les aéroplanes et aéronefs, etc. Chaque chapitre se présente sous la forme d'une généalogie mettant aux prises des découvertes scientifiques et des perfectionnements techniques mis en œuvre par des entrepreneurs et incarnés dans des objets techniques.

1. Arnold Toynbee, *Lectures on the Industrial Revolution in England: Popular Addresses, Notes and Other Fragments 1852-1883*, New York, Cambridge University Press, 2011.

2. Louis Figuier, *Les Grandes Inventions modernes dans les sciences, l'industrie et les arts* (1859), Paris, Hachette et Cie, 1880.

L'impulsion de l'invention, selon Figuier, vient de la science et des entrepreneurs. Le rôle des usagers et le travail collectif d'invention sont invisibilisés. Tout se passe comme si les inventions, une fois perfectionnées, trouvaient naturellement leurs débouchés sur des marchés.

Le sociologue Gabriel Tarde, contemporain de Figuier, ne partage pas cette vision individualisée et cumulative de l'invention. Il distingue les découvertes scientifiques qui peuvent s'accumuler sans fin « aux inventions industrielles qui se remplacent souvent, se substituent les unes aux autres[1] ». Il est l'un des premiers à théoriser l'invention comme un processus social et collectif.

S'il évoque peu le terme innovation lui-même, hormis dans quelques passages, sa conceptualisation de l'invention est proche du sens qui a été donné ensuite au mot innovation par Schumpeter comme le font remarquer Faridah Djellal et Faïz Gallouj[2]. Tarde se méfie tout d'abord de la place accordée aux grands hommes et aux grandes idées, là où il fallait parler d'inventions « souvent apparues en de très petits hommes, et même de petites idées, d'infinitésimales innovations apportées par chacun de nous à l'œuvre commune ». Il souligne ensuite le rôle joué, dans l'invention ou l'innovation, par la combinaison et l'imitation plutôt que par la création d'idées radicalement nouvelles. « Nos innovations sont en majeure partie des combinaisons d'exemples antérieurs », explique-t-il, ajoutant que « toute machine nouvelle se compose d'outils anciens, de procédés anciens, autrement agencés ». Pour Djellal et Gallouj, l'imitation chez Tarde « n'est jamais copie à l'identique. Elle est au contraire, paradoxalement, source de *variété* ». L'évolution sociale, selon Tarde, est ainsi le produit

1. Gabriel Tarde, « L'invention, moteur de l'évolution sociale », *Revue internationale de sociologie*, vol. 10, n° 7, 1902, p. 562-574.

2. Faridah Djellal et Faïz Gallouj, « Les lois de l'imitation et de l'invention : Gabriel Tarde et l'économie évolutionniste de l'innovation », *Revue économique*, vol. 68, n° 4, juillet 2017, p. 643-671.

« d'inventions et d'imitations ». Ce thème sera repris et approfondi, avec des exemples récents, pour en montrer l'actualité dans l'ouvrage récent coordonné par les sociologues Benoît Godin et Dominique Vinck qui défendent l'idée que l'imitation ne s'oppose pas à l'innovation, bien au contraire[1].

L'intensification du rythme des innovations technologiques

Figuier, comme Tarde, sont les témoins, à la fin du XIXe siècle, de l'intensification des progrès techniques et des innovations technologiques. Avec la deuxième révolution industrielle, c'est-à-dire le développement de l'électricité et de la chimie en particulier, de grandes vagues d'innovation qui transforment l'économie et la société en profondeur sont le moteur de création de grandes entreprises industrielles, comme l'ont bien décrit les historiens et les chercheurs en sciences de gestion[2]. S'il est une entreprise qui incarne cette logique d'« innovation intensive », pour reprendre la formule proposée par les chercheurs en gestion Pascal Le Masson, Armand Hatchuel et Benoît Weil[3], c'est l'entreprise Edison qui, comme le décrit André Millard, devient cette « machine à innover[4] »

1. Benoît Godin et Dominique Vinck (dir.), *Critical Studies of Innovation: Alternative Approaches to the Pro-Innovation Bias*, Cheltenham (Royaume-Uni), Edward Elgar, 2017.

2. François Caron, *La Dynamique de l'innovation. Changement technique et changement social*, Paris, Gallimard, 2010 ; Pascal Le Masson, Armand Hatchuel et Benoît Weil, *Les Processus d'innovation : conception innovante et croissance des entreprises*, Paris, Hermès, 2006.

3. Pascal Le Masson *et al.*, *Les Processus d'innovation : conception innovante et croissance des entreprises*, *op. cit.*

4. André Millard, *Edison and the Business of Innovation*, Baltimore, MD, Johns Hopkins University Press, 1990.

qui fait de l'innovation le but de son projet d'entreprise. Éclairage public, phonographe, cinématographe, pile alcaline, lampe à incandescence, etc., la liste des innovations développées au sein du West Orange Lab est impressionnante. Le West Orange Lab est le lieu où scientifiques, techniciens, ingénieurs, réunis autour de Thomas Edison, ont exploré de nouveaux concepts et expérimenté de nouveaux procédés. Au-delà du cas de l'entreprise Edison, l'historien Gabriel Galvez-Behar souligne le rôle des grands laboratoires de recherche privés dans l'accélération du rythme des innovations technologiques qu'il analyse à travers le dépôt de brevets[1]. Ces laboratoires de recherche privés, qui participent activement aux progrès scientifiques, incarnent l'émergence d'une forme de « science industrielle », terme utilisé à l'époque pour désigner cette dynamique d'innovation fondée sur la science, rappellent Pascal Le Masson et Benoît Weil[2].

Car là est la révolution principale mise en évidence par différents auteurs : l'innovation intensive de la fin du XIXe et du début du XXe siècle est moins le produit d'entrepreneurs individuels que celui du développement de grandes entreprises dotées de capacités de recherche inédites dirigées par des managers qui vont l'organiser et la systématiser pour en tirer des avantages temporaires[3]. Ainsi, la chimie agricole (engrais, pesticides, etc.), organisée autour de grandes entreprises industrielles, constitue,

1. Gabriel Galvez-Behar, *La République des inventeurs. Propriété et organisation de l'innovation en France (1791-1922)*, Rennes, Presses universitaires de Rennes, 2008.

2. Pascal Le Masson et Benoît Weil, « Fayol, Guillaume, Chevenard – la science, l'industrie et l'exploration de l'inconnu : logique et gouvernance d'une recherche conceptive », *Entreprises et histoire*, vol. 83, n° 2, 2016, p. 79-107.

3. Alfred D. Chandler, *La Main visible des managers. Une analyse historique* (1977), Paris, Economica, 1988 ; Blanche Segrestin et Armand Hatchuel, *Refonder l'entreprise*, *op. cit.*

au tournant du XXe siècle, le premier débouché de la recherche industrielle américaine[1].

L'impact des innovations managériales et organisationnelles

La diffusion à grande échelle d'innovations technologiques et les rationalisations qui les ont accompagnées sont indissociables de l'émergence d'autres types d'innovations, financières, managériales et organisationnelles.

Dans la deuxième moitié du XIXe siècle, la mise en place d'un système financier performant, avec le développement de places boursières où s'échangent des actions, et celui de grandes banques de crédit, permet aux nouvelles sociétés anonymes, créées par le droit des sociétés, de trouver les ressources financières à leurs entreprises risquées. Le roman d'Émile Zola, *L'Argent*, écrit en 1891 mais dont l'intrigue se situe sous le Second Empire, en 1864, illustre la place qu'occupe le développement de la banque et de la finance dans l'essor du capitalisme et celui des entreprises[2].

Au tournant du XXe siècle, l'innovation n'était pas le langage en usage à l'époque où il était question d'organisation scientifique du travail (Frederick Taylor), de science administrative (Henri Fayol), de science industrielle (Henry Le Chatelier) ou de nouvelles méthodes de production (Henry Ford). L'histoire de ces innovations et des rationalisations qui les ont accompagnées est bien connue et documentée, notamment grâce au travail des historiens de l'entreprise et des chercheurs en gestion[3].

1. Arthur D. Little, « Industrial Research in America », *The Journal of Industrial and Engineering Chemistry*, vol. 5, 1913, p. 793-801.

2. Émile Zola, *L'Argent*, Paris, Bibliothèque Charpentier, 1891.

3. À propos du tournant fayolien, voir le numéro spécial d'*Entreprises et histoire* qui lui a été consacré, vol. 83, n° 2, 2016.

Avant de formaliser ces doctrines nouvelles, ces pionniers les ont d'abord expérimentées et perfectionnées sur le terrain, dans les usines métallurgiques (Taylor, Fayol) ou automobiles (Ford) dans lesquelles ils ont opéré. Dès les années 1920, le mouvement taylorien se diffuse dans les grandes entreprises industrielles en France grâce à l'intervention d'ingénieurs, comme Henry Le Chatelier, et le soutien de politiques, comme Albert Thomas, qui constituent un mouvement taylorien actif. À cette époque, la mode des missions de productivité aux États-Unis se répand, en France comme en Allemagne, pour observer la mise en œuvre du taylorisme et du fordisme et les transposer dans leur propre pays[1].

Ces innovations managériales et organisationnelles ont permis de rationaliser les activités de production et d'administration et ont contribué à l'émergence d'un modèle de production de masse fondé sur des principes d'organisation scientifique du travail et de l'administration ainsi que sur une standardisation accrue des tâches et des produits permettant de générer des économies d'échelle.

La première moitié du XXe siècle est également une période où émergent de nombreuses innovations managériales dans tous les domaines associés aux fonctions administratives et stratégiques : contrôle de gestion (invention de la comptabilité analytique et des calculs de rentabilité, notamment chez DuPont de Nemours) ; structures organisationnelles (l'organisation divisionnelle chez General Motors) ; marketing avec l'invention des marques chez Procter & Gamble ; finance d'entreprise (avec l'invention des calculs de rentabilité comme le ROI, *return on investment* ; en français RSI, retour sur investissement), etc. Ces innovations ont contribué à rationaliser les activités administratives et stratégiques et ont permis la création de grands conglomérats diversifiés et la

1. Thierry Kirat, « Taylorisme et rationalisation du travail en France et en Allemagne dans l'entre-deux-guerres », *Revue d'économie politique*, vol. 100, n° 1, 1990, p. 58-82.

naissance de la figure du manager, distinct de l'entrepreneur ou du chef d'entreprise. C'est désormais le règne des managers, dont la « main visible », pour reprendre l'expression célèbre d'Alfred Chandler, structure, peut-être davantage que la « main invisible » du marché, l'économie et la vie sociale d'une part croissante de la population[1].

La théorisation de l'innovation : le moment Schumpeter

Joseph Schumpeter, économiste autrichien, formé aux sciences sociales, au droit et à l'économie, est le témoin de ces transformations au début du XXe siècle. Il analyse le flux continu des innovations, qui n'est encore qu'un phénomène empirique imparfaitement théorisé, et constate que les grandes théories économiques, statiques, n'y accordent aucune place. Comment expliquer la croissance économique et les cycles économiques, se demande-t-il, à partir des seuls facteurs travail et capital dans une économie stationnaire fonctionnant en circuit fermé ? C'est à partir de l'impossibilité théorique et pratique de cette démonstration qu'il propose une autre théorisation : celle d'une croissance économique fondée sur l'innovation. Selon lui, c'est l'innovation qui est le moteur de la croissance et des cycles économiques, thèse qu'il développe dès son ouvrage de 1912, réédité et enrichi à plusieurs reprises : *Théorie de l'évolution économique*[2]. La conceptualisation de Schumpeter est originale à plusieurs égards.

1. Alfred Chandler, *La Main visible des managers*, *op. cit.*

2. Joseph Schumpeter, *The Theory of Economic Development: An inquiry into Profits, Capital, Credit, Interest and the Business Cycle* (1re éd. en allemand sous le titre *Theorie der wirtschaftlichen Entwicklung*, 1911), Cambridge, MA, Harvard University Press, 1934.

Son analyse n'est pas seulement économique. Comme il l'explique, « un fait n'est jamais exclusivement ou purement économique » (*ibid.*, p. 3). Il ne cherche pas seulement à expliquer les cycles macroéconomiques à partir de grands concepts mais à connecter ces derniers à une analyse microéconomique des processus d'innovation qui en sont à l'origine. Il mobilise ainsi d'autres registres, notamment sociaux et psychologiques, pour expliquer la dynamique de l'innovation, sa place dans la formation des cycles économiques et dans la transformation de la vie sociale.

Pour lui, l'innovation se distingue de l'invention. À la différence de l'imagerie épique véhiculée par Louis Figuier, l'innovation ne consiste pas à créer des idées originales produites par quelque inventeur génial, incarnées dans des objets techniques radicalement nouveaux. « Tant qu'elles ne sont pas mises en pratique, les inventions n'ont pas de pertinence économique » (*ibid.*, p. 88). Comme chez Tarde, l'innovation, insiste-t-il, est la plupart du temps affaire de combinaison : combinaison de moyens de production et de crédit qui n'impliquent pas nécessairement de production de connaissances scientifiques nouvelles. Ces nouvelles combinaisons ne peuvent obtenir la qualification d'innovation que dans la mesure où elles rencontrent des usages et des applications commerciales sur un marché.

Autre point important de son analyse : l'innovation n'est pas exclusivement technique. La définition qu'il en propose dans *Théorie de l'évolution économique* recouvre ainsi cinq formes possibles : l'introduction de nouveaux biens ou de nouvelles qualités de biens, inconnus des consommateurs ; l'introduction de nouvelles méthodes de production ; la création de nouveaux marchés ; la découverte de nouvelles sources d'approvisionnement ; la mise en place de nouvelles organisations industrielles[1]. Cette définition large lui permet

1. *Ibid.*, p. 66.

ainsi d'englober les innovations managériales et organisationnelles dont il est contemporain, comme celles de Taylor, Fayol ou Ford. Son analyse est ainsi moins axée sur la génération des idées que sur le processus social, organisationnel, financier et économique qui aboutit à la mise en marché ou à des applications concrètes qui suscitent des besoins nouveaux chez les consommateurs.

Mais comment expliquer l'origine de l'innovation ? D'où vient l'impulsion ? C'est le rôle du projet entrepreneurial (*enterprise*) et de l'entrepreneur de mettre en œuvre ces nouvelles combinaisons des moyens de production et du crédit.

L'évocation du rôle des entrepreneurs dans la dynamique économique n'est pas nouvelle. La catégorie d'entrepreneur a été introduite par Richard Cantillon, banquier et homme d'affaires, dans son essai célèbre, paru en 1755, *Essai sur la nature du commerce en général*[1]. Les entrepreneurs chez Cantillon, ce sont les fermiers, les négociants, les manufacturiers, qui se lancent dans des aventures risquées dont les gains sont incertains. La notion est également reprise au XIXe siècle par l'économiste Jean-Baptiste Say qui considère la fonction de l'entrepreneur comme la combinaison de nouveaux facteurs de production.

Mais l'originalité de l'approche de Schumpeter est de considérer la fonction entrepreneuriale sous un angle plus large qui ne se réduit pas à l'action d'individus : « Nous appelons "entrepreneurs" non seulement les hommes d'affaires indépendants […] mais tous ceux qui remplissent la fonction entrepreneuriale par laquelle nous définissons ce concept, y compris le cas qui devient la règle où ce sont des employés "dépendant" d'une entreprise [*company*] […]. Des financiers ou des promoteurs peuvent également être

1. Richard Cantillon, *Essai sur la nature du commerce en général* (1755), Paris, Éditions de l'Institut Coppet, 2015 ; pour une histoire de la figure de l'entrepreneur, le lecteur pourra consulter Hélène Vérin, *Entrepreneurs, entreprise. Histoire d'une idée*, Paris, Classiques Garnier, « Histoire des techniques », 2011.

considérés comme des entrepreneurs dans ce sens[1]. » La fonction entrepreneuriale, ainsi définie, n'est pas nécessairement une action isolée ; elle peut être le fruit d'une action collective organisée au sein d'entreprises, voire de collectifs plus larges, qui englobent notamment les acteurs financiers. Il souligne également que la figure de l'entrepreneur se distingue de celle du capitaliste. Non seulement l'entrepreneur supporte les risques liés à la conduite du projet entrepreneurial mais il doit faire preuve d'initiative, d'autorité et de vision. Il « peut imprimer sa marque à une époque de l'histoire sociale, former un nouveau style de vie ou un système de valeurs morales et esthétiques[2] ». Enfin, l'entrepreneur se distingue également de l'inventeur. « La mise en œuvre en pratique d'une quelconque amélioration requiert des aptitudes entièrement différentes. Même si certains entrepreneurs peuvent être des inventeurs, tout comme des capitalistes, ils ne sont pas inventeurs par nature. Par ailleurs, les entrepreneurs dont la fonction est de conduire des innovations n'ont pas nécessairement besoin d'inventer[3]. »

Si l'entrepreneur n'est pas une classe ou une profession selon Schumpeter, c'est parce qu'il navigue à contre-courant : il doit lutter contre les routines et donc adopter un comportement qui n'est pas donné à tous les individus ou toutes les organisations.

Cherchant à éviter le piège d'une approche trop déterministe et instrumentale, il met en évidence la variété des motivations qui peuvent pousser des individus ou des entreprises à innover. La quête du profit n'est pas nécessairement le mobile principal. Cela peut être le désir de puissance et de créer une dynastie ; la volonté de conquête et de succès ; mais également simplement la joie de créer, d'exercer son génie, explique-t-il. Dans tous les cas,

1. Joseph Schumpeter, *The Theory of Economic Development: An inquiry into Profits, Capital, Credit, Interest and the Business Cycle*, *op. cit.*, p. 75.
2. *Ibid.*, p. 78.
3. *Ibid.*, p. 88.

l'environnement social joue un grand rôle dans l'émergence de cette fonction entrepreneuriale. Schumpeter souligne d'ailleurs que ce n'est pas une coïncidence si la montée en puissance de la figure des entrepreneurs coïncide avec celle de l'utilitarisme dans la société.

Mais si l'innovation est un processus incertain, comment expliquer l'engagement des entrepreneurs dans des aventures risquées ? Dans quelle mesure ce processus relève-t-il d'une forme de rationalité ? Schumpeter avance une explication : en introduisant des nouveautés qui répondent à de nouveaux besoins, l'entrepreneur crée des rentes temporaires qu'il peut exploiter avant d'être à son tour dépassé par d'autres innovations. Ainsi, la dynamique du capitalisme, explique-t-il dans son dernier ouvrage, *Capitalisme, socialisme et démocratie*, paru en 1942[1], est un processus organique qu'il qualifie de « destruction créatrice », c'est-à-dire où les éléments vieillis sont sans cesse remplacés par des éléments neufs. Bien entendu, ce processus est discontinu, les innovations, notamment technologiques, apparaissant souvent par grappes (par exemple les multiples applications de la chimie ou de l'électricité à la fin du XIXe et au début du XXe siècle). Ce caractère discontinu des innovations contribue ainsi aux cycles économiques, c'est-à-dire à l'alternance de périodes de prospérité et de stagnation.

Les limites de l'analyse schumpétérienne

La conceptualisation de l'innovation de Schumpeter marque à l'évidence une rupture dans la compréhension des mécanismes, des processus et des effets de l'innovation. Mais son analyse présente plusieurs limites et erreurs de perspective.

Capitalisme, socialisme et démocratie, aux accents prophétiques, est empreint de pessimisme, marqué par la grande crise

1. Joseph Schumpeter, *Capitalisme, socialisme et démocratie*, *op. cit.*

des années 1930, par la guerre et par l'extension de la sphère d'influence de l'Union soviétique aux pays d'Europe de l'Est. Il dénonce le processus d'étatisation qui a suivi ces événements qu'il considère comme l'amorce d'une extension du socialisme aux sociétés capitalistes. Reprenant à son compte la thèse de Karl Marx sur le déclin inéluctable du capitalisme, il en propose une autre lecture à partir de la disparition des occasions d'investissements privés. Si l'innovation est le moteur de la croissance économique, celle-ci ne va-t-elle pas baisser d'intensité au fur et à mesure que les besoins seront satisfaits et que la croissance démographique ralentira ? se demande-t-il. Il note également que les possibilités d'investissement qui se présentent dans l'après-guerre s'offrent dans le secteur public plutôt que dans le secteur privé. Il estime qu'avec le développement de grandes entreprises bureaucratiques l'innovation est en voie d'être ramenée à une routine et que l'esprit rationaliste érode la logique entrepreneuriale. Il en conclut un déclin inéluctable des entrepreneurs qui symbolisent le capitalisme au profit de conglomérats géants, de la bureaucratie et d'une économie régie par la puissance publique.

Sur ces points, Schumpeter s'est trompé. Première erreur : la saturation progressive des besoins ne s'est jamais produite, bien au contraire. Il n'avait pas anticipé le développement sans précédent des techniques du marketing, de vente, du design ou de la communication mises en œuvre dans l'après-guerre par les grandes entreprises pour susciter en permanence de nouveaux besoins et pour rendre obsolètes sur le plan des goûts les produits anciens[1]. La soif insatiable de consommation n'a fait que grandir. En un sens, le processus d'innovation s'est effectivement routinisé, par l'adoption de méthodes managériales toujours plus sophistiquées, mais la machine à innover ne s'est pas enrayée. Elle a au contraire prospéré,

1. Voir Thibault Le Texier, *La Main visible des marchés. Une histoire du marketing*, Paris, La Découverte, 2022.

suscitant un flux croissant d'innovations et alimentant la croissance économique qui est allée de pair pendant les Trente Glorieuses.

Autre erreur d'analyse : l'impact des politiques de R&D sur l'innovation. Il oppose artificiellement un modèle de l'innovation entrepreneuriale, qu'il valorise, à un modèle d'investissement public qui conduirait inévitablement à une forme de socialisme. Il n'anticipe pas que les politiques publiques de R&D qui émergent au sortir de la Seconde Guerre mondiale ne visent pas à remplacer l'action privée mais au contraire à la susciter, la guider et la soutenir.

L'analyse de Schumpeter souffre également d'impensés. Le premier est l'absence de réflexion critique sur la valeur économique. Celle-ci est considérée comme un concept non problématique alors que précisément c'est aujourd'hui ce qui fait « valeur » qui est au cœur des controverses contemporaines sur les finalités de l'innovation.

Le second impensé est de ne pas avoir anticipé les conséquences négatives des innovations. Comme beaucoup de ses contemporains, Schumpeter est victime d'un biais pro-innovation. Pour ce dernier, celle-ci est le moteur de la croissance économique et la condition de régénération du système capitaliste. Si elle s'accompagne de la destruction de compétences, d'entreprises ou d'industries anciennes (la « destruction créatrice » dans son langage), elle engendre des opportunités nouvelles qui font plus que compenser ces pertes. En revanche, il n'évoque pas les dégâts que les innovations sont susceptibles d'engendrer sur le plan environnemental, culturel ou, plus largement, sociétal.

En somme, Schumpeter a négligé ce que le sociologue Jean-Michel Saussois, dans *Capitalisme sans répit*, met en évidence pour expliquer la formidable capacité d'adaptation du capitalisme : « sa capacité à digérer les crises en empruntant une partie du langage de ses adversaires[1] ».

1. Jean-Michel Saussois, *Capitalisme sans répit*, Paris, La Dispute, 2006.

Chapitre 2

Comment l'innovation est-elle devenue une culture ?

L'influence de Schumpeter sur les politiques contemporaines de l'innovation est indéniable. Philippe Aghion, Cécile Antonin et Simon Bunel évoquent, à cet égard, dans leur livre récent, *Le Pouvoir de la destruction créatrice*, un « paradigme schumpétérien » pour justifier que ces politiques sont directement influencées par la pensée de l'économiste autrichien. « La destruction créatrice est le processus par lequel des innovations se produisent continuellement et rendent les technologies obsolètes, de nouvelles entreprises viennent constamment concurrencer les entreprises en place, et de nouveaux emplois et activités existants. La destruction créatrice est ce moteur du capitalisme qui en assure le renouvellement permanent et la reproduction, mais qui en même temps génère du risque et des bouleversements qu'il faut savoir réguler et orienter », indiquent-ils[1].

Leur livre vise à la fois à expliquer des grandes énigmes historiques associées au processus de croissance mondial, à revisiter les débats autour de l'innovation et de la croissance dans les pays développés et à repenser le rôle de l'État et de la société civile dans la stimulation de l'innovation.

1. Joseph Schumpeter, *Capitalisme, socialisme et démocratie*, *op. cit.*, p. 11.

Si des pans entiers de l'économie disparaissent effectivement sous l'effet de l'introduction de nouvelles technologies et méthodes de production, expliquent-ils, ces destructions sont plus que compensées, pour les pays qui se situent sur la « frontière de l'innovation », par la création de richesses et d'emplois associée aux innovations. En revanche, les imitateurs ou les suiveurs, s'inscrivant dans une logique de rattrapage, à l'instar de l'Argentine, sont promis au déclassement et au déclin. Ce qui vaut pour les pays, estiment ces auteurs, s'applique également aux individus : seuls les plus adaptables et les plus performants peuvent survivre au processus darwinien de destruction créative.

Ce livre de Philippe Aghion *et al.* incarne la rhétorique dominante de l'innovation dans les milieux économiques, largement partagée et reprise par tous les dirigeants des pays développés et les organismes internationaux. On peut résumer l'argumentaire des auteurs autour de trois points : l'innovation est ce processus de destruction créatrice qui remet en cause les routines, rentes et situations acquises ; dans une compétition mondiale féroce où seuls les plus adaptés survivent, l'enjeu pour les pays et les entreprises est d'être sur la frontière de l'innovation technologique ; à cette fin, l'objectif de l'action publique est de construire les conditions institutionnelles favorables à l'épanouissement d'un esprit entrepreneurial et au développement de projets innovants. Pour cela, il faut tout à la fois former les individus pour qu'ils acquièrent des connaissances utiles et intériorisent cet esprit entrepreneurial, susciter et soutenir l'innovation par des incitations économiques adaptées et mettre en œuvre des politiques de R&D ciblées sur des domaines de spécialisation où chaque pays a un avantage comparatif potentiel ; les effets collatéraux de l'innovation (inégalités sociales, restructurations, impacts sur l'environnement naturel) peuvent être corrigés par des actions publiques ciblées.

Cette récupération par les économistes de l'innovation de l'héritage schumpétérien est pourtant en large partie une invention moderne. Comme nous l'avons vu précédemment, Schumpeter nourrissait une méfiance à l'égard des politiques publiques et avait une définition beaucoup plus large de l'innovation, qui ne se limitait pas à la technologie. S'il a cherché à théoriser les processus d'innovation, il n'a pas, contrairement aux économistes actuels, cherché à influencer les décideurs politiques en prescrivant des recettes pour gérer ou accélérer l'innovation. À cet égard, à la différence de Philippe Aghion, Schumpeter s'inscrit davantage dans une tradition libérale de laisser-faire que dans une approche néolibérale où l'action publique est nécessaire pour corriger les défaillances des marchés et pour stimuler et orienter les efforts d'innovation. Les dépenses de R&D, mesurées au niveau des entreprises ou des pays, si centrales dans les analyses économiques contemporaines, ne sont pas évoquées dans les travaux de Schumpeter qui n'y accorde pas d'importance particulière. Évoquer un paradigme schumpétérien relève donc largement d'un anachronisme.

L'énigme que nous avons posée en introduction de ce livre reste donc entière : comment l'innovation, dans le sens contemporain que présente Philippe Aghion, est-elle progressivement devenue une culture dans la seconde moitié du XXe siècle ?

Premier temps : l'invention du modèle linéaire de l'innovation technologique fondé sur la R&D

Le sociologue Benoît Godin a proposé une histoire du modèle linéaire de l'innovation[1]. Il distingue trois périodes. La première, qui va du début du xxe siècle à environ 1945, est celle où s'installe l'idée de l'importance de la *recherche de base* et de son rôle dans l'essor de la *recherche appliquée*, condition d'un progrès industriel et scientifique ; la deuxième, qui démarre en 1930 et se poursuit jusqu'aux années 1960, ajoute un troisième terme : l'activité de *développement* (de nouveaux produits) qui va permettre de forger le modèle linéaire de l'innovation en trois étapes : recherche de base > recherche appliquée > développement. Enfin, à partir des années 1950, la troisième période est l'extension du modèle de l'innovation linéaire à d'autres activités que la R&D, comme la *production* et la *diffusion*.

Le terme de modèle linéaire de l'innovation n'est vraiment utilisé qu'à partir des années 1960. Mais il désigne des doctrines et des pratiques qui se développent et deviennent dominantes au sortir de la Seconde Guerre mondiale. La guerre est en effet le moment aux États-Unis où un complexe militaro-industriel, organisé autour de grands programmes technologiques et de grands projets – à l'instar du projet Manhattan à l'origine du développement de la bombe nucléaire –, est mis en place sous l'égide du bureau de la recherche scientifique et du développement (Office of Scientific Research and Development)[2]. Le responsable de ce

1. Benoît Godin, « The Linear Model of Innovation: The Historical Construction of an Analytical Framework », *Science, Technology, & Human Values*, vol. 31, n° 6, 2006, p. 639-667.

2. Pour une histoire du projet Manhattan, le lecteur pourra se référer à l'article suivant : Sylvain Lenfle et Christopher Loch, « Lost Roots: How Pro-

bureau, Vannevar Bush, théorise en 1945, dans un rapport célèbre intitulé *Science, the Endless Frontier*[1], le rôle de la R&D dans la prospérité économique et la sécurité nationale. Il participe également à la création de la Fondation scientifique nationale (National Scientific Foundation) aux États-Unis.

Si Bush n'utilise pas une seule fois le mot innovation dans son rapport, il est aujourd'hui considéré comme celui qui a théorisé le modèle dit « linéaire » de l'innovation. Contrairement à Schumpeter, Vannevar Bush soutient que le moteur du développement économique vient de la connaissance scientifique et que la science doit être la préoccupation de l'action étatique. « Sans progrès scientifique, explique-t-il, la santé nationale se détériorerait ; il n'y aurait pas de progrès dans les niveaux de vie et pas de protection des libertés contre la tyrannie. » La clé du progrès est le développement de nouvelles technologies. « Il doit y avoir un flot continu de connaissances scientifiques pour faire tourner la roue des entreprises publiques et privées et pour développer des produits à bas coûts. »

Dans son rapport, Bush propose un modèle, semblable à un pipeline, pour organiser la science et ses institutions : l'impulsion doit venir de la recherche scientifique de base qui se transforme en recherche appliquée puis en développement de nouvelles technologies qui se concrétisent, *in fine*, dans des applications commerciales. Selon Bush, la fin du processus (une partie de la recherche appliquée, le développement des technologies et la commercialisation) est du ressort de l'initiative privée. En revanche, la recherche de base doit être financée par la puissance publique car elle n'offre pas de rendements financiers suffisants

---

ject Management Came to Emphasize Control over Flexibility and Novelty », *California Management Review*, vol. 53, n° 1, 2010, p. 32-55.

1. Vannevar Bush, *Science, the Endless Frontier* (1945), Princeton, NJ, Princeton University Press, 2020.

pour être laissée aux mains d'investisseurs privés. Ce rapport est intéressant car on peut avancer qu'il est la première théorisation des rapports entre recherche scientifique, technologie et mise sur le marché sous la forme d'applications commerciales.

L'économiste W. Rupert MacLaurin, qui a été secrétaire du groupe de travail ayant produit le rapport Bush, va plus loin et propose une première théorisation du modèle linéaire de l'innovation qui fait la synthèse entre le rapport Bush et les travaux de Schumpeter. McLaurin, qui s'intéresse aux innovations technologiques et en particulier à celles qui partent de découvertes scientifiques, propose une analyse du processus d'innovation technologique en cinq étapes : science fondamentale ; invention ; innovation ; financement ; et diffusion. Dans cette approche, l'enjeu est d'identifier les conditions et facteurs qui permettent une diffusion à grande échelle des innovations[1]. Dans cette perspective, le rôle de la recherche fondamentale et appliquée est fondamental, de même que celui du financement des projets d'innovation.

Cette nouvelle conception des rapports entre recherche publique et innovation privée se met en œuvre à la même époque dans tous les pays développés. Aux États-Unis, l'investissement public explose dans l'après-guerre. Sur la base de statistiques détaillées, David Mowery indique que la part des dépenses de R&D nationales passe de 12 à 20 % dans les années 1930 à 40-50 % dans l'après-guerre[2]. La commande publique joue un rôle déterminant dans l'orientation de l'innovation.

1. W. Rupert MacLaurin, « The Process of Technological Innovation: The Launching of a New Scientific Industry », *The American Economic Review*, vol. 40, n° 1, 1950, p. 90-112 ; Benoît Godin, « In the shadow of Schumpeter: W. Rupert MacLaurin and the study of technological innovation », *Minerva*, vol. 46, n° 3, 2008, p. 343-360.

2. David Mowery, « The US national innovation system: Origins and prospects for change », *Research Policy*, vol. 21, n° 2, 1992, p. 125-144.

La France suit, à cette époque, une trajectoire similaire avec une différence de taille cependant : le poids central de la planification et des entreprises publiques créées ou nationalisées. De grands programmes technologiques sont mis en place pour moderniser l'économie française sous l'égide du Commissariat général du plan créé en 1946, avec le soutien de nouvelles grandes entreprises publiques nationalisées (EDF, SNCF, Renault...) et de grands organismes publics comme le CNRS pour la recherche scientifique de base (créé en 1939), l'INRA pour la recherche agronomique (créé en 1946) ou le CEA pour l'énergie atomique (créé en 1945).

L'assimilation de l'innovation à la technologie, et aux grands programmes technologiques (nucléaire, télécommunications, sélection génétique, électrification, etc.) en particulier, atteint son apogée dans l'après-guerre dans les représentations sociales et les politiques publiques et privées. Ce modèle bénéficie en particulier aux grandes entreprises qui se dotent, d'une part, de grands départements de R&D soutenus par de grands programmes scientifiques nationaux, et, d'autre part, de départements de marketing et de vente pour accroître l'appétit qui, alors, s'empare de la population pour les biens de consommation et d'équipement. Le Progrès s'incarne ainsi à la fois dans le développement technologique et dans l'avènement de la société de consommation.

La grande entreprise américaine qui incarne le modèle linéaire de l'innovation est AT&T (American Telephone & Telegraph), fondée en 1882, qui est, jusqu'à dissolution en 1982 par le gouvernement américain pour des raisons anticoncurrentielles, la plus grande compagnie de télécommunications mondiale, avec un monopole aux États-Unis. Au sein des Bell Labs, l'immense département de R&D de l'entreprise, qui a sa propre revue scientifique, le *Bell Labs Technical Journal*, on produit non seulement des connaissances fondamentales, par exemple la théorie de l'information, élaborée par Claude Shannon et son équipe, le système informatique UNIX ou le langage C, mais également d'innombrables innovations, comme le transistor, développé entre 1930 et 1948, et qui vaudra à William Shockley et ses collègues le prix Nobel de physique en 1956[1]. Le transistor en silicium (*silicon* en anglais), expliquent le chercheur en gestion Sylvain Lenfle et l'historien Loïc Petitgirard, va constituer le composant clé de l'industrie microélectronique et donnera son nom à la Silicon Valley[2]. D'autres innovations comme le laser ou le micro-ordinateur sont également mises au point au sein des Bell Labs.

En France, les exemples d'un couplage entre une recherche scientifique de haut niveau et des capacités de développement abondent. L'exemple le plus emblématique est certainement le cas du programme nucléaire civil français, soutenu par le gouvernement français, organisé autour du CEA, chargé de développer les recherches de base et appliquées, et d'EDF, puis de Framatome à partir des années 1970, pour la conception et la construction de centrales nucléaires permettant de produire plus de 80 % de la production électrique nationale à partir de la fin des années 1980.

Le modèle linéaire de l'innovation est également la conception dominante au sein des entreprises. Non seulement l'innovation bénéficie d'un a priori positif comme le rappelle Knut Holt en 1971 : « L'innovation est l'un de ces mots en vogue aujourd'hui. Pour certaines personnes c'est même davantage : c'est un mot qui exprime un jugement de valeur qui est associé à quelque

1. Jon Gertner, *The Idea Factory: Bell Labs and the Great Age of American Innovation*, New York, Penguin Press, 2012.

2. Sylvain Lenfle et Loïc Petitgirard, « L'invention du transistor aux Bell Labs ou la création d'une expertise sur un domaine inconnu », *Entreprises et histoire*, vol. 98, n° 1, 2020, p. 94-119.

chose de bon et positif[1]. » Mais plus largement, comme l'indique l'économiste Bela Gold dans une revue de littérature en 1969, la conception dominante de l'innovation technologique se fonde alors sur quatre hypothèses : celle-ci est désirable ; elle est le produit de processus planifiés ; elle résulte de décisions rationnelles ; la R&D constitue le moyen le plus important pour engendrer de l'innovation technologique[2].

Les crises du modèle linéaire de l'innovation

Avant même que le modèle linéaire de l'innovation se mette en place dans l'après-guerre, plusieurs auteurs anticipent cette transformation et fustigent ses effets négatifs potentiels. Nous avons vu dans le premier chapitre la critique de Joseph Schumpeter qui prophétisait, dans *Capitalisme, socialisme et démocratie*, que le développement de grandes entreprises et de l'intervention publique conduirait à éroder l'esprit entrepreneurial et la dynamique d'innovation. Au même moment, son contemporain, James Burnham, développait une thèse similaire, dans un essai célèbre publié en 1941, *The Managerial Revolution*[3]. L'argument qu'introduit Burnham est que le développement inexorable d'une nouvelle classe d'experts, les managers, dont l'empire s'étend dans tous les domaines de la société, les entreprises privées comme la sphère publique, conduira à la disparition du capitalisme et

1. Knut Holt, « Social Innovations in Organizations », *International Studies of Management & Organization*, vol. 1, n° 3, 1971, p. 235-252.

2. Bela Gold, « The Framework of Decision for Major Technological Innovation », *in* Kurt Baier et Nicholas Rescher (dir.), *Values and the Future: The Impact of Technological Change on American Values*, New York, Free Press, 1969, p. 389-430.

3. James Burnham, *The Managerial Revolution: What Is Happening in the World*, New York, The John Day Company, 1941.

à l'érosion de l'esprit d'entreprendre, au profit d'une société managérialisée et rationalisée.

Ces prédictions se sont en partie réalisées. Il est indéniable que l'après-guerre correspond à la fois au développement de conglomérats diversifiés et à la montée inexorable des cols blancs (managers, experts, techniciens) au détriment des cols bleus. Mais le capitalisme n'a pas pour autant disparu, pas plus que les entrepreneurs ou que le rythme d'innovation s'est essoufflé. Ce que les deux auteurs n'avaient pas prévu, c'est l'émergence, dans l'après-guerre, d'un nouveau régime de régulation public/privé, le modèle monopoliste-fordiste, pour reprendre la formule de l'économiste Robert Boyer[1].

Les Trente Glorieuses correspondent en effet à l'émergence et à la diffusion de ce modèle où se développent simultanément une production de masse standardisée, essentiellement assurée par de grandes entreprises, et une consommation également de masse. La rupture par rapport à la période de l'avant-guerre, souligne Boyer, est l'émergence d'un nouveau compromis social, entre les syndicats, les dirigeants d'entreprise et un État protecteur (État-providence), dans tous les pays développés où les gains de productivité font l'objet d'un partage relativement équitable entre actionnaires et salariés ; ces derniers n'étant pas seulement considérés comme une force de travail mais également comme des consommateurs potentiels qui contribuent par leurs achats à la croissance économique.

Ce modèle fordiste et le modèle linéaire de l'innovation, qui ont émergé de façon concomitante et se sont renforcés mutuellement, font pourtant l'objet de critiques dès les années 1960, notamment à l'échelle des entreprises. Dans un des premiers

1. Robert Boyer, *Économie politique des capitalismes. Théorie de la régulation des crises*, Paris, La Découverte, « Repères », 2015.

livres sur le sujet, paru en 1961, *The Management of Innovation*, Thomas Burns et George M. Stalker soulignent les limites d'un modèle *mécaniste* de gestion de l'innovation, dominant dans les grandes entreprises, où celle-ci est organisée selon une division du travail et des règles établies à l'avance. Ils soulignent que ce modèle fonctionne dans un environnement stable où les besoins et les technologies sont bien connus mais qu'il est inadapté à des environnements plus incertains et turbulents. L'autre modèle de gestion de l'innovation, qu'ils qualifient d'*organique*, est l'opposé du modèle mécaniste : les tâches et les règles sont floues et sont déterminées chemin faisant en fonction des circonstances et des opportunités. Ils indiquent que l'on rencontre ce modèle plus volontiers dans des petites entreprises flexibles que dans les grandes entreprises bureaucratiques et rigides.

Mais la critique la plus fameuse de l'impact négatif des grandes entreprises, notamment technologiques, sur la société est celle de John Kenneth Galbraith, économiste américain, qui, dès 1967, dans *Le Nouvel État industriel*[1], dénonce les dérives d'un modèle économique fondé sur le développement sans limites de grands conglomérats technocratiques. À la différence de Burnham, il suggère que ce développement n'implique nullement la fin du capitalisme mais qu'au contraire, il s'agit d'un processus organique inhérent au fonctionnement même du capitalisme. La grande taille des entreprises est justifiée, selon lui, par les besoins de la technologie moderne et de la planification qui permettent d'engendrer des économies d'échelle[2]. Il met en évidence que

1. John Kenneth Galbraith, *Le Nouvel État industriel. Essai sur le système économique américain* (1re éd. en anglais sous le titre *The New Industrial State*, 1967), trad. fr. par J.-L. Crémieux-Brilhac et Maurice Le Nan, Paris, Gallimard, 1968.

2. Blandine Laperche, *L'Entreprise innovante et le marché. Lire Galbraith*, Paris, L'Harmattan, 2005.

les grandes entreprises se caractérisent par le développement de *technostructures* (services fonctionnels, tels ceux de R&D et les services commerciaux) qui possèdent le pouvoir de décision effectif au détriment des actionnaires, des salariés ou des consommateurs. Ainsi, selon Galbraith, la formation à cette époque de grandes entreprises monopolistiques ou oligopolistiques est le produit du modèle techno-centré de l'innovation.

Ces différentes critiques rencontrent un fort écho au début des années 1970 avec la fin des Trente Glorieuses qui coïncide avec les chocs pétroliers de 1973 et 1979 et la période de stagflation qui s'ensuit. La crise économique se double d'une crise idéologique et d'un questionnement sur le modèle économique et managérial à poursuivre.

S'engouffrant dans la brèche, les économistes libéraux de l'École de Chicago, dans la lignée des travaux de Milton Friedman, préconisent le démantèlement de l'État providence pour libérer les capacités d'initiative des individus et des entreprises, et la restauration des conditions d'un marché « libre » débarrassé des situations de monopole et d'oligopole. Il s'agit désormais non pas de protéger et de planifier mais d'inciter les agents économiques en adoptant des méthodes et des instruments inspirés du marché. Sur le plan de la théorie économique, le keynésianisme, qui justifie l'intervention publique et l'État-providence, laisse la place à la théorie des incitations et à la doctrine néolibérale où l'action publique doit seulement viser à corriger les défaillances du marché.

L'arrivée au pouvoir de Margaret Thatcher au Royaume-Uni en 1979 et de Ronald Reagan aux États-Unis en 1980 enclenche un vaste mouvement de dérégulation et de privatisation à l'échelle mondiale, soutenu par des instances comme le FMI et la Banque mondiale, qui préfigure le processus de mondialisation des échanges et de la production qui, depuis, n'a cessé de s'étendre à travers la planète.

Au début des années 1980, la hantise d'un déclin de la puissance américaine face aux nouveaux tigres asiatiques, en particulier le Japon et la Corée du Sud, alimente la critique du modèle centralisé de l'innovation, structuré autour de grandes entreprises dotées de grands départements de R&D mais réputées bureaucratiques et peu flexibles. Il faut dire que dans des secteurs phares comme l'automobile, la sidérurgie ou l'électronique, les entreprises américaines et européennes se font alors tailler des croupières.

En matière de gouvernance d'entreprise, les économistes néolibéraux ont transposé la « théorie de l'agence » qui stipule que les « agents » (les managers) doivent rendre des comptes à leurs « principaux » (les actionnaires) sur la base de contrats implicites ou explicites. Dans ce cadre, cette théorie préconise de redonner le pouvoir aux actionnaires, considérés comme les véritables propriétaires de l'entreprise, ce qui est une vision juridiquement tronquée[1]. Les managers, qui avaient indûment accaparé le pouvoir de décision, ne sont, dans cette théorie, que des agents dont les intérêts doivent être alignés sur ceux des actionnaires, à savoir maximiser la performance financière des entreprises et assurer le rendement le plus élevé aux actionnaires[2]. À cette fin, différents mécanismes d'incitation (stock-options, rémunérations variables en fonction des performances de l'entreprise, etc.) peuvent être

1. Cette théorisation est une fiction qui ne correspond nullement à la réalité juridique des entreprises. Les juristes ont en effet bien montré que l'incarnation juridique de l'entreprise, la société anonyme, accorde à celle-ci le statut de personne morale. Autrement dit, la société anonyme a sa raison propre, distincte de celles de ses actionnaires qui ne sont que propriétaires de leurs actions. Voir, à ce sujet, Jean-Philippe Robé, *L'Entreprise et le droit*, Paris, PUF, « Que sais-je ? », 1999.

2. Michael C. Jensen et William H. Meckling, « Theory of the firm: Managerial behavior, agency costs and ownership structure », *Journal of Financial Economics*, vol. 3, n° 4, octobre 1976, p. 305-360.

mis en place pour obtenir cet alignement. Mise en œuvre dans la gouvernance d'entreprise dès les années 1980 sur fond de libéralisation des marchés, cette théorie a enclenché un mouvement mondial de financiarisation des entreprises. Ce mouvement n'est toujours pas achevé et se manifeste notamment par des exigences de rendements exorbitants qui pèsent sur les managers et les salariés. Cette approche n'est pas sans conséquence sur les capacités d'innovation des grandes entreprises puisque les dépenses de R&D ayant par nature des rendements incertains ont été coupées massivement. Les entreprises ont préféré externaliser la R&D à des PME ou à des start-up qu'elles rachètent et revendent en fonction des circonstances et des opportunités. Plus inquiétant encore : les grandes entreprises préfèrent désormais consacrer une part croissance de leurs bénéfices au rachat de leurs propres actions pour faire monter le cours en Bourse de leur société. Entre 2003 et 2012, indique l'historien William Lazonick, les cinq cents plus grandes entreprises américaines ont consacré 54 % de leurs bénéfices à ces rachats d'actions, stratégie qu'il qualifie de « profits, sans prospérité » puisque cette logique ne produit aucune richesse utile pour la société[1]. Cette vision de l'entreprise comme propriété des actionnaires a ainsi conduit à une « grande déformation », estime l'économiste Olivier Favereau, où l'entreprise n'est plus une collectivité humaine qui poursuit des finalités variées, mais une machine à produire des dividendes pour les actionnaires[2].

Dans la logique néolibérale, le modèle linéaire de l'innovation est devenu progressivement caduc : non seulement la planification est contraire aux principes d'une régulation marchande, mais il

1. William Lazonick, « Profits Without Prosperity », *Harvard Business Review*, vol. 92, n° 9, 2014, p. 46-55.

2. Olivier Favereau, *Entreprises : la grande déformation*, Paris, Parole et silence : Collège des Bernardins, « Humanités », 2014.

faut démanteler, à l'instar d'AT&T, les monopoles qui entravent les règles de la libre concurrence, condition d'un bon fonctionnement de marchés « libres ». Il faut, à l'inverse, encourager et promouvoir des modèles d'innovation entrepreneuriaux, plus proches de la logique schumpétérienne et miser sur les start-up pour générer des innovations.

Deuxième temps : à la recherche de nouveaux modèles de gestion de l'innovation

Clusters : la (re)découverte des vertus de l'agglomération géographique d'organisations innovantes

Face à cette crise, chercheurs, experts et acteurs publics ont alors cherché des modèles d'innovation alternatifs à celui de l'innovation linéaire. Dans les années 1980, on redécouvre ainsi les vertus de formes d'agglomération territoriales d'entreprises et d'institutions interconnectées dans un domaine particulier, où prospèrent les start-up appelées *clusters*.

Le phénomène du cluster n'a cependant rien de nouveau. Il ressemble en tout point au modèle du district industriel décrit en 1890 par Alfred Marshall, célèbre économiste britannique, dans *Principles of Economics*[1]. Il consacre un chapitre entier aux districts industriels qu'il décrit comme la concentration géographique d'entreprises dans une industrie spécialisée. Il reconnaît que ce modèle d'organisation est intrigant car il ne correspond pas aux lois classiques de l'économie qu'il développe dans les autres chapitres de son livre (loi de l'offre et de la demande, économies

1. Alfred Marshall, *Principles of Economics* (1890), New York et Basingstoke (Royaume-Uni), Palgrave Macmillan, 2013.

d'échelle, etc.). Sans en proposer une véritable théorisation, il livre plusieurs analyses tirées de ses observations sur les districts industriels. Ces districts industriels ont en commun une « atmosphère industrielle », écrit-il, propice à l'introduction de « nouveautés, à l'utilisation de machines spécialisées et de métiers complémentaires et au développement de compétences ». Il souligne également le rôle que jouent les institutions locales (villes, juridictions) dans leur développement. Il reconnaît que ces qualités semblent se développer grâce à la localisation groupée de ces entreprises en un même lieu et que les districts industriels semblent jouer un rôle important dans le développement économique des nations.

Après une longue éclipse, l'intérêt pour les clusters renaît dans les années 1980 avec le succès de plusieurs districts industriels, notamment de la Silicon Valley dans la high-tech, en Californie. AnnaLee Saxenian, professeure de management et doyenne de l'UC Berkeley School of Information, est l'une des premières chercheuses à proposer une analyse détaillée des dynamiques d'innovation dans la Silicon Valley. Elle explique son développement comme le produit « d'une révolte des ingénieurs contre les grandes entreprises établies de semi-conducteurs, leur isolement des consommateurs et leur incapacité à exploiter des percées techniques prometteuses[1] ». Des ingénieurs quittent les grandes entreprises pour créer leurs propres start-up. Elle observe que le rythme de création de nouvelles start-up dans la Silicon Valley triple dans la période 1977-1987 par rapport à la décennie précédente, donnant naissance à des entreprises comme Intel ou AMD qui vont devenir, à leur tour, de grandes entreprises dominantes du secteur. Ces entreprises se développent en se spécialisant sur une partie du développement de semi-conducteurs (conception,

1. AnnaLee Saxenian, « Regional Networks and the Resurgence of Silicon Valley », *California Management Review*, vol. 33, n° 1, 1990, p. 89-112.

fabrication, services...) en bénéficiant de la proximité de fournisseurs de haut niveau avec lesquels ils développent de nouvelles solutions et d'un vivier de chercheurs, ingénieurs et techniciens de grande compétence structurés autour d'universités de pointe comme Stanford ou Berkeley.

Leur succès, explique Saxenian, vient d'une capacité à mettre sur le marché des innovations à un rythme accéléré par rapport aux grandes entreprises intégrées, moins flexibles, qui misent sur l'intégration verticale et les économies d'échelle. Dans son livre de 1994, *Regional Advantage: Culture and Competition in Silicon Valley and Route 128*[1], elle défend la thèse que la capacité d'adaptation de la Silicon Valley tient à ses structures industrielles et sociales décentralisées, fondées sur le développement de start-up, qui permet des échanges d'information rapides et la circulation des innovations.

Au même moment, une analyse similaire est développée par Michael Porter, professeur de stratégie à la Harvard Business School, à partir de 1990 dans différents articles[2]. Il fait des clusters un élément clé dans la compétition mondiale fondée sur l'innovation[3]. Il souligne, en premier lieu, que les clusters, ces modèles de spécialisation régionale, ne concernent pas uniquement les hautes technologies mais tous les types d'industrie et tous les pays. L'un des pays où cette forme de spécialisation industrielle est la mieux documentée par des travaux scientifiques est l'Italie où se sont multipliés les « districts industriels ». Porter propose une cartographie de clusters aux États-Unis mais

1. AnnaLee Saxenian, *Regional Advantage: Culture and Competition in Silicon Valley and Route 128*, Cambridge, MA, Harvard University Press, 1994.

2. Voir Michael E. Porter, « Clusters and the New Economics of Competition », *Harvard Business Review*, vol. 76, n° 6, 1998, p. 77-90.

3. Michael E. Porter, « The Competitive Advantage of Nations », *Harvard Business Review*, vol. 68, n° 2, 1990, p. 73-93.

également dans d'autres pays comme le Portugal par exemple. L'enjeu pour l'action publique et les industriels est de soutenir et de s'insérer dans les clusters correspondant à leur spécialisation. Les clusters échappent aux nomenclatures économiques. Ils se constituent autour de l'agglomération géographique de diverses activités et d'institutions complémentaires. Cette forme d'organisation est plus efficace que le marché, défend-il, car elle est fondée sur des relations interpersonnelles qui favorisent la confiance et la coordination. En particulier, elle permet les échanges informels entre managers, l'accès à des employés, à des fournisseurs spécialisés, à des informations utiles et transférables, et la mobilisation de ressources complémentaires car les acteurs sont dépendants les uns des autres pour leurs activités. Il suggère que le modèle des clusters permet de repenser les relations entre le secteur privé et l'action publique. Cette dernière a, dans cette perspective, une fonction essentielle pour encourager les spécialisations intelligentes en accompagnant, soutenant et favorisant l'émergence de nouveaux clusters et la consolidation de ceux déjà existants par la conception d'incitations, d'infrastructures et d'institutions locales adaptées visant la circulation des informations et la création de connaissances nouvelles.

Avec les succès foudroyants de start-up, devenus des géants comme Intel, Apple ou Google, les travaux de recherche sur les clusters deviennent alors un passage obligé pour tous les chercheurs qui étudient l'innovation, la Silicon Valley en particulier. On découvre que le succès de celle-ci tient également à d'autres facteurs comme le rôle de la finance, en particulier celui d'un nouveau type de sociétés spécialisées dans le financement de start-up, les « capital-risqueurs[1] ».

1. Michel Ferrary, « Les capital-risqueurs comme "transiteurs" de l'innovation dans la Silicon Valley », *Revue française de gestion*, vol. 10, n° 190, 2008, p. 179-196.

L'innovation ouverte et disruptive comme nouvelle doctrine d'action publique et de gestion

Au début des années 1990, l'intérêt pour les clusters grandit à la fois chez les pouvoirs publics, les institutions internationales, les experts et les grandes entreprises qui cherchent à stimuler et encourager l'innovation à partir de nouveaux fondements.

Parallèlement, les travaux de recherche se multiplient pour critiquer et déconstruire le modèle linéaire de l'innovation fondé sur la R&D. En 1986, Stephen J. Kline et Nathan Rosenberg proposent une autre conceptualisation du processus d'innovation appelé « modèle de liaison en chaîne » (*chain-linked model*)[1]. S'appuyant sur une synthèse des recherches sur l'innovation dans les deux décennies précédentes, les auteurs soulignent que l'innovation ne provient pas nécessairement de la science et de la recherche en amont mais souvent de l'identification de besoins non satisfaits en aval. Les enquêtes empiriques soulignent que beaucoup d'innovations de produits n'ont pas pour origine des activités de R&D internes mais des compétences et des idées développées ailleurs. L'analyse rejoint ainsi les travaux sur les clusters qui soulignent l'importance de la circulation des idées et des connaissances au sein d'un réseau d'entreprises innovantes. Par ailleurs, Kline et Rosenberg soulignent que le processus d'innovation est chaotique et récursif, faits d'allers-retours entre différentes phases. Il s'apparente à un modèle tourbillonnaire

1. Stephen J. Kline et Nathan Rosenberg, « An Overview of Innovation », chapitre 9 de *Studies on Science and the Innovation Process: Selected Works of Nathan Rosenberg*, Singapour, World Publishing Co. Pte. Ltd., 2009, p. 173-203 ; voir aussi Ralph Landau et Nathan Rosenberg (dir.), *The Positive Sum Strategy: Harnessing Technology for Economic Growth*, Washington, DC, National Academy Press, 1986, p. 275-305.

pour reprendre l'expression proposée par les sociologues Madeleine Akrich, Michel Callon et Bruno Latour[1].

Cette nouvelle conceptualisation des processus d'innovation fait la part belle aux processus horizontaux et ouverts où l'innovation est considérée comme un processus collectif, en réseau, non linéaire, où les logiques de clusters permettent de favoriser les échanges de connaissances et les connexions entre partenaires potentiels.

Ce nouveau modèle trouve sa dénomination tardivement avec le terme d'« innovation ouverte » (*open innovation*), selon l'expression du professeur de management Henry Chesbrough[2], qui résume bien la nouvelle doctrine de gestion de l'innovation qui doit être conduite par les pouvoirs publics et par les entreprises. L'idée sous-jacente est que, dans des environnements incertains et turbulents, il vaut mieux chercher les bonnes idées ou les compétences à l'extérieur de l'organisation, aussi bien chez les usagers (*lead users*)[3] que chez des partenaires variés (start-up, universités, etc.), appelés à constituer un « écosystème de l'innovation » plutôt qu'à développer d'importantes capacités de R&D internes (modèle de l'innovation fermée) qui risquent de se révéler improductives et inadaptées. Le développement des technologies de l'information et de la communication à partir des années 1990, notamment de l'Internet, va constituer un formidable accélérateur des échanges d'information entre partenaires, permettant de mieux exploiter le potentiel de l'innovation ouverte.

1. Madeleine Akrich, Michel Callon et Bruno Latour, « À quoi tient le succès des innovations ? », *Annales des Mines-Gérer et Comprendre*, n° 11 et 12, 1988, p. 4-17.

2. Henry W. Chesbrough, *Open Innovation: The New Imperative for Creating and Profiting from Technology*, Cambridge, MA, Harvard Business Press, 2003.

3. Eric von Hippel, *The Sources of Innovation*, Oxford, Oxford University Press, 1988.

L'autre concept clé qui émerge est celui d'*innovation disruptive* proposé par Clayton Christensen, professeur de management à la Harvard Business School dans son ouvrage paru en 1997, *The Innovator's Dilemma: When New Technologies Cause Great Firms to Fail*[1]. Christensen part d'une critique des grandes entreprises établies en soulignant qu'elles sont rarement à l'origine des innovations de rupture car elles sont enfermées dans des trajectoires technologiques et des routines qui les empêchent de penser le changement des règles du jeu, la « disruption ». Le dilemme de l'innovateur renvoie au choix cornélien auquel font face ces entreprises établies : défendre leur activité historique au risque de compromettre leur avenir, ou bien parier sur une innovation de rupture, aux résultats incertains, au risque de détruire son activité historique. L'un des exemples que cite Christensen dans son livre est le cas de l'entreprise Kodak, géant de la photo argentique, mais qui a raté le virage du numérique et s'est retrouvée menacée de faillite. L'innovation disruptive n'est pas nécessairement technologique, explique-t-il, et vient le plus souvent de nouveaux entrants – à l'instar de Tesla dans le domaine de la voiture électrique – qui n'ont pas à composer avec les dilemmes des entreprises établies, à moins que ces dernières ne soient ouvertes sur l'extérieur et capables de dépasser leur routine.

L'autre élément mis en avant dans la littérature managériale, qui s'appuie sur l'analyse des pratiques des entreprises, est la *vitesse d'innovation*. Il ne faut pas seulement innover beaucoup, mais plus vite que ses concurrents. À cette fin, l'obsession doit être de raccourcir à tout prix les délais de conception des projets (le *time pacing*) pour générer des rentes temporaires[2].

1. Clayton Christensen, *The Innovator's Dilemma: When New Technologies Cause Great Firms to Fail*, *op. cit.*

2. Kathleen M. Eisenhardt et Shona L. Brown, « Time pacing: Competing in markets that won't stand still », *Harvard Business Review*, vol. 76, n° 2, 1998, p. 59-69.

Ces trois approches, innovation ouverte, disruptive et rapide, vont influencer non seulement les doctrines de management de l'innovation dans les entreprises, par l'intermédiaire notamment des consultants, mais également les doctrines d'action publique.

Dans les grandes entreprises, ces approches vont légitimer le dégraissage des grands départements de R&D internes au profit de leur insertion dans des réseaux, écosystèmes et clusters d'innovation, voire d'incubation de start-up au sein même de grandes structures dans des tiers-lieux conçus à cet effet. Elles vont également justifier le rachat de start-up innovantes comme levier d'innovations de rupture ainsi que la pression constante mise sur les équipes projets pour raccourcir sans cesse les délais de développement.

Dans le domaine de l'action publique, ces approches vont légitimer le soutien à la formation de clusters et l'investissement dans des infrastructures de communication à haut débit pour intensifier les échanges de connaissances entre start-up, grandes entreprises, capital-risqueurs, organismes de recherche et acteurs publics.

Démontrer que l'innovation est le moteur de la croissance économique

Dans une culture de la croissance fondée sur une rationalité instrumentale, c'est-à-dire visant à identifier les moyens les plus efficaces pour parvenir à une performance accrue, ici mesurée par la croissance économique, il était essentiel d'apporter la démonstration qu'un lien statistique existât entre innovation et croissance. Or, jusqu'au début des années 1960, cette démonstration restait à faire. Le travail de Schumpeter, tout comme celui de MacLaurin et de ses successeurs, était conceptuel ou qualitatif. Ces économistes avaient analysé le lien logique entre les vagues d'innovation et les cycles économiques mais sans apporter de démonstration quantitative.

Ce n'est qu'au début des années 1960, rappelle Benoît Godin, que les gouvernements des pays développés cherchent à mesurer l'impact de l'innovation sur la croissance économique[1]. Mais pour cela, l'élaboration d'une méthodologie commune internationale était nécessaire.

Pour combler ce manque, l'OCDE publie, en 1963, un premier document, appelé « manuel de Frascati », qui propose une méthodologie pour recueillir les statistiques sur les activités de R&D sur les plans national et international. Le manuel considère des catégories classiques : recherche fondamentale, recherche appliquée et développement qui s'inspire du modèle linéaire de l'innovation alors dominant dans les représentations de l'innovation. Régulièrement mis à jour, ce manuel reste encore une référence aujourd'hui pour les statistiques de R&D.

Hormis une grande étude comparative internationale en 1963, ces études restent cependant épisodiques et parcellaires jusqu'aux années 1990. Pour aller plus loin, l'OCDE propose en 1992 un guide méthodologique, le « manuel d'Oslo », pour collecter et interpréter les données sur l'innovation technologique entendue dans un sens plus étendu que les simples dépenses de R&D. Cette première version focalise son attention sur l'innovation technologique, en particulier sur la création ou l'amélioration de produits ou de procédés. Sur cette base, une première étude comparative internationale est réalisée par douze pays européens en 1993. Dans les versions suivantes, le guide élargit le champ d'analyse aux innovations de service (1997), puis aux innovations organisationnelles et marketing ainsi qu'à des recommandations pour

1. Benoît Godin, « National Innovation System: The System Approach in Historical Perspective », *Science, Technology, & Human Values*, vol. 34, n° 4, 2009, p. 476-501.

la conduite de politiques publiques d'innovation (2005). Enfin, la dernière version de 2018 incorpore de nouvelles dimensions comme les chaînes globales de valeur, c'est-à-dire l'idée que l'innovation se déploie au sein d'un réseau mondialisé de partenaires et de sous-traitants.

Ces manuels ont joué un rôle important dans la formation d'un langage, de concepts et d'indicateurs standardisés sur l'innovation. Ils ont contribué à forger les éléments de base d'une culture mondialisée de l'innovation à destination des décideurs publics et des économistes.

Sur la base de ces manuels, des instituts nationaux et internationaux réalisent désormais régulièrement des études comparatives des performances des pays en matière d'innovation. Ces études ont permis d'établir une relation positive entre l'effort de R&D (mesuré par le niveau de dépenses au niveau national), l'intensité des innovations (souvent mesurée par le dépôt de brevets) et le taux de croissance économique. Il ressort également de ces travaux un décrochage des performances des pays européens en termes de croissance économique et d'innovation par rapport aux États-Unis et aux pays asiatiques avancés.

On voit bien les biais de la représentation sous-jacente à cette approche : elle propose une vision agrégée des innovations réduite à quelques indicateurs macroéconomiques qui ne restituent pas la complexité et la variété des processus d'innovation ; elle fait l'impasse sur les innovations qui ne font pas l'objet de brevets ; elle fait l'hypothèse, discutable, que l'effort de R&D est une approximation acceptable des capacités d'innovation des pays. Dès lors, comment expliquer, malgré ses lacunes et son simplisme, le succès de ces représentations auprès des décideurs publics et privés ?

Le rôle d'une vision instrumentée de l'innovation au sein du système technicien

L'emprise de la pensée technicienne, explique le philosophe Jacques Ellul, dans *Le Système technicien*[1], ne se limite pas aux objets techniques et, plus largement, aux technologies matérielles. Elle englobe tous les aspects de la vie économique et sociale, à commencer par les indicateurs et instruments de performance, ces « technologies invisibles », pour reprendre la formule proposée Michel Berry, chercheur en sciences de gestion[2]. Ces technologies économiques et gestionnaires formatent nos cadres cognitifs, c'est-à-dire nos façons de voir et de penser, souvent à notre insu. Le PIB constitue l'indicateur autour duquel est construite la culture de la croissance. Mais pour alimenter cet indicateur, toute une série d'autres dispositifs sont nécessaires comme la comptabilité nationale et l'ensemble de l'instrumentation statistique élaboré autour. Pour connecter la culture de l'innovation à celle dominante de la croissance, il était donc nécessaire d'établir des indicateurs de performance de l'innovation pour « objectiver » ces performances macroéconomiques.

Le premier intérêt de l'appareillage statistique de l'innovation, construit à partir des manuels de l'OCDE, a d'abord été de fournir aux décideurs une vision synthétique, simple et cohérente avec l'appareil de la comptabilité nationale et arrimé aux indicateurs de croissance économique. En second lieu, il a été utilisé pour guider et orienter les politiques d'innovation. Puisque d'un point de vue macroéconomique l'innovation est réductible aux efforts de R&D, alors on peut imaginer des mesures incitatives d'action publique

1. Jacques Ellul, *Le Système technicien, op. cit.*

2. Michel Berry, *Une technologie invisible. L'impact des instruments de gestion sur l'évolution des systèmes humains*, rapport de l'École polytechnique, 1983.

qui stimulent ces efforts. Par exemple, l'administration fiscale française s'appuie sur les statistiques issues du manuel de Frascati pour fixer, secteur par secteur, le montant du crédit d'impôt recherche (CIR), mesure incitative visant à stimuler les partenariats de R&D entre les entreprises privées et la recherche publique.

Les évolutions des politiques publiques contemporaines d'innovation

Pour combler le retard accumulé mis en évidence dans ces études comparatives, différentes lois et stratégies sont alors engagées à partir de la fin des années 1990 par plusieurs pays. En 1999, la France adopte la loi n° 99-587 sur l'innovation et la recherche (dite « loi Allègre) qui vise à faciliter un rapprochement entre les universités et les entreprises, la création de start-up par les chercheurs et le dépôt de brevets.

En mars 2000, la Commission européenne annonce l'adoption de la « stratégie de Lisbonne » qui vise à faire de l'Union européenne l'économie de la connaissance la plus compétitive d'ici à 2010. Parmi les leviers utilisés, la stratégie met en avant l'innovation comme moteur du changement. Pour cela, il s'agit de créer un espace de recherche et d'innovation intégré au niveau européen, de renforcer le financement des projets d'innovation, d'augmenter les dépenses de R&D ou encore d'accroître l'effort de formation des individus.

En 2004, sur le modèle des clusters, le gouvernement français lance la stratégie des « pôles de compétitivité » dans le cadre d'une nouvelle politique industrielle dite de « spécialisation intelligente » (*smart specialization*) adoptée également par la plupart des pays européens sur le modèle proposé par Michael Porter. Un pôle de compétitivité est défini dans la loi française comme un « rassemblement, sur un territoire bien identifié et sur une thématique ciblée, d'entreprises petites, moyennes ou grandes, de laboratoires de recherche et d'établissements de formation ». Sur les 71 reconnus par l'État en 2014, il en reste 54 en 2021. L'adoption de politiques volontaristes sur la création ou le soutien aux clusters se fonde sur l'argument développé par les économistes de l'innovation de l'existence d'externalités positives et du caractère cumulatif des connaissances au sein de ces pôles[1]. Ainsi, contrairement au capital physique ou naturel dont l'exploitation engendre des rendements décroissants, les connaissances bénéficieraient, à l'inverse, d'économies d'échelle dans la production et l'utilisation des connaissances. Autrement dit, plus on produit et utilise des connaissances, plus leurs effets sur la croissance économique et les capacités d'innovation s'accroissent.

Dans cette nouvelle perspective, le point clé des politiques publiques est de cibler les dépenses de R&D, les incitations fiscales et les aides publiques sur la formation et le développement des clusters et sur des programmes finalisés qui répondent à des objectifs politiques de « spécialisation intelligente ».

Démontrer qu'un « bon » management de l'innovation améliore les performances des entreprises

Les entreprises sont des parties prenantes centrales de la culture de la croissance et d'une culture technicienne de la performance centrée autour de quelques indicateurs clés, aujourd'hui désignés par l'anglicisme KPI (*Key Performance Indicators*). Avec le triomphe du modèle actionnarial depuis les années 1980 et la financiarisation qui s'en est suivie, la « maximisation de la valeur

1. Dominique Foray, *L'Économie de la connaissance*, Paris, La Découverte, « Repères », 2018.

actionnariale » est devenue la nouvelle loi d'airain du capitalisme. Selon cette logique, les indicateurs financiers tels que le cours de Bourse, la marge opérationnelle, le rendement des capitaux propres, le retour sur investissement (ROI) ou la croissance du chiffre d'affaires sont devenus les technologies de gestion dominant du monde financier et les indicateurs sur lesquels sont jugés les dirigeants d'entreprise. Ils sont l'équivalent, à l'échelle de l'entreprise, du PIB et de ses dérivés pour les décideurs publics.

Dans une perspective comparative, la question qui se posait était la suivante : les entreprises les plus innovantes ont-elles une croissance du chiffre d'affaires et une performance financière supérieure à celles de leurs concurrents ? Il fallait donc dans un premier temps mesurer les performances d'innovation (nombre de nouveaux produits, services ou procédés, pourcentage du chiffre d'affaires issus de ces nouveaux produits, etc.) puis chercher des corrélations avec les performances financières des entreprises et la croissance du chiffre d'affaires. À l'instar de ce qui avait été fait au niveau macroéconomique, il fallait donc répondre à cette question et objectiver l'impact microéconomique des innovations sur les performances financières des entreprises.

L'équivalent fonctionnel du travail méthodologique de l'OCDE a été réalisé par les grands cabinets de conseil anglo-saxons. Toutefois, dans ce dernier cas, l'enjeu n'était pas seulement méthodologique mais également commercial : il s'agissait d'identifier les meilleures pratiques de gestion de l'innovation et de proposer des offres aux entreprises pour leur mise en œuvre. Les chercheurs en sciences de gestion ont également réalisé nombre d'études économétriques pour étudier ce lien entre capacité d'innovation et performances financières des entreprises[1].

1. Voir par exemple Hee-Jae Cho et Vladimir Pucik, « Relationship Between Innovativeness, Quality, Growth, Profitability, and Market Value », *Strategic Management Journal*, vol. 26, n° 6, 2005, p. 555-575.

Le travail de référence des cabinets de conseil est celui réalisé par le cabinet Arthur D. Little. Dès 1997, celui-ci réalise une enquête auprès de plusieurs centaines d'entreprises dans le monde sur leurs pratiques de gestion de l'innovation et leurs performances en la matière. Dès la première enquête, le cabinet a mis en évidence que les managers considéraient l'innovation technologique comme le facteur clé du succès de leur entreprise tout en indiquant qu'ils étaient pour la plupart insatisfaits par la façon dont l'innovation technologique était gérée dans leur entreprise.

L'argument central de ces études est ainsi de montrer que, contrairement à la vision macroéconomique véhiculée par l'OCDE, ce n'est pas le montant des dépenses R&D qui constitue le facteur déterminant de réussite mais la manière dont les processus d'innovation sont gérés concrètement. Dans sa huitième et dernière édition, datée de 2013, intitulée « Obtenir un meilleur retour sur vos investissements en innovation », l'étude met en évidence, sur la base de statistiques et d'éléments empiriques, comment la mise en œuvre des méthodes de management de l'innovation les plus avancées conduit à des performances financières accrues[1].

Cette enquête est un exemple parmi d'autres de palmarès et d'études comparatives établies régulièrement par les grands cabinets de conseil pour identifier les meilleures pratiques en matière de management de l'innovation et pour classer les entreprises en fonction de leurs performances en matière d'innovation. Le point commun à toutes ces études est qu'il conforte la croyance, aujourd'hui largement partagée dans les milieux économiques et financiers, que la performance des entreprises en matière d'innovation détermine leur compétitivité à long terme et que pour

1. Cabinet de conseil en stratégie Arthur D. Little, *Global Innovation Survey*, Cambridge, MA, 1997.

innover de façon efficace, il s'agit d'adopter les meilleures pratiques de gestion en vigueur.

La place des innovations managériales dans la culture de l'innovation

Mis en avant par les consultants et les chercheurs en gestion dans les performances des entreprises, en particulier dans le management de l'innovation technologique, un nouveau concept émerge et se développe à partir des années 1980 : celui d'innovation managériale.

Le terme est d'un emploi récent, disent Frédéric Le Roy, Marc Robert et Philippe Giuliani, chercheurs en gestion[1]. Ils attribuent la paternité des réflexions à Henry Mintzberg dans les années 1970 et la formulation du terme d'innovation managériale à John Kimberly dans un article scientifique écrit en 1981. Les innovations managériales, ajoutent-ils, sont cependant difficiles à saisir et définir car, contrairement aux innovations technologiques, elles ne sont pas brevetables, elles revêtent parfois une forme qualitative et peuvent avoir des origines difficiles à tracer. Ils estiment pourtant qu'elles ont joué et qu'elles jouent un rôle décisif dans la performance des entreprises.

Julian Birkinshaw et Michael J. Mol, chercheurs en gestion, la définissent comme « la mise en place de pratiques, de processus, de structures de management nouveaux, qui sont significativement différents des normes habituelles [...] dans l'objectif d'améliorer les performances de l'entreprise[2] ».

1. Frédéric Le Roy, Marc Robert et Philippe Giuliani, « L'innovation managériale », *Revue française de gestion*, n° 235, 2013/6, p. 77-90.

2. Julian Birkinshaw et Michael Mol, « How Management Innovation Happens », *MIT Sloan Management Review*, vol. 47, n° 4, 2006, p. 81-88.

Avec une définition aussi large, l'innovation managériale se confond avec l'histoire des rationalisations industrielles et organisationnelles qui jalonnent depuis la fin du XIXe siècle la transformation des méthodes employées par les entreprises et les grandes organisations publiques. Rétrospectivement, toutes les nouvelles méthodes et structures qui ont été diffusées dans les organisations peuvent être qualifiées d'innovations managériales : organisation scientifique du travail ; science administrative ; laboratoires de R&D ; direction par objectifs (Peter Drucker)[1] ; organisation divisionnelle ; contrôle de gestion ; marques ; critères de rentabilité ; gestion prévisionnelle des emplois et des compétences ; qualité totale ; gestion par projets ; systèmes d'information pour la gestion des ressources et de la production (ERP), etc. Toutes les fonctions des organisations (production, R&D, marketing, ressources humaines, systèmes d'information, finance, comptabilité...) ont été l'objet, dans cette optique, de nombreuses innovations managériales au fil des vagues de rationalisations qui se sont succédé depuis le début du XXe siècle.

Au cours des trente dernières années, pour tourner le dos à la bureaucratie et au taylorisme, les méthodes de gestion fondées sur le contrôle et la prescription ont progressivement laissé la place à de nouvelles méthodes managériales censées donner davantage d'autonomie et de responsabilité aux individus. S'appuyant sur des principes d'autoévaluation et d'amélioration continue, trois méthodes, au cœur de la culture contemporaine de l'innovation, ont joué un rôle central : le *lean management*, la gestion par projet et les méthodes de créativité. Nous allons les présenter tour à tour.

1. Pour une histoire de l'innovation managériale de la DPO, voir Albert David, « Understanding the Invention Phase of Management Innovation: A Design Theory Perspective », *European Management Review*, vol. 16, n° 2, 2019, p. 383-398.

Gérer l'innovation comme un projet

Nous avons vu que, jusque dans les années 1970, le modèle linéaire de l'innovation, fondé sur une R&D puissante et des processus de développement structurés, était resté dominant au sein des grandes entreprises. Le développement de nouveaux produits est ainsi organisé en projets, à partir des années 1960, selon un modèle de planification détaillée des tâches, mobilisant les méthodes de la recherche opérationnelle, et un pilotage des projets par des systèmes de contrôle des résultats. C'est le modèle PPBS (*Program Planning and Budgeting System*), dont on attribue la paternité à Robert McNamara, PDG de Ford en 1960 puis secrétaire à la Défense des États-Unis. Dans cette doctrine de la gestion de projet, expliquent Sylvain Lenfle et Christopher Loch, chercheurs en management, la logique de contrôle l'emporte sur les enjeux de flexibilité et de nouveauté qui étaient gérés jusque-là de façon empirique[1].

Cependant, les revers de l'industrie américaine et européenne face à leurs concurrents asiatiques dans les années 1980 ébranlent ces modèles de gestion scientifiques fondés sur la planification et le contrôle. Industriels et chercheurs cherchent alors à identifier les conditions de succès des entreprises étrangères, japonaises en particulier. Une étude comparative, célèbre dans le secteur automobile, élaborée en 1990 par des chercheurs américains, souligne que les entreprises japonaises, et Toyota en particulier, le leader du secteur, ont des performances meilleures sur tous les plans : non seulement leurs coûts de revient sont plus faibles, mais la qualité des produits est supérieure, leurs stocks

1. Sylvain Lenfle et Christopher Loch, « Lost Roots: How Project Management Came to Emphasize Control over Flexibility and Novelty », art. cité.

sont plus faibles et les délais de livraison plus courts[1]. Les raisons de ce succès ? Un modèle de production innovant, le Toyota Production System, traduit par les auteurs par le modèle de *lean management* ou « gestion au plus juste ». Ce terme englobe en fait un ensemble de méthodes, d'outils et de principes : juste-à-temps (*just in time*), Kaizen ou amélioration continue, Kanban ou qualité totale. L'originalité de l'approche japonaise, inspirée des principes d'Edward Deming, un ingénieur américain formé à la philosophie pragmatique, est de tourner le dos aux approches rationalistes et tayloriennes traditionnelles où les ingénieurs prescrivent le travail dans ses moindres détails. L'approche japonaise est, au contraire, fondée sur des expérimentations de terrain et des retours d'expérience constants qui associent opérateurs et ingénieurs dans une logique d'amélioration continue pas à pas.

L'analyse comparative avec le Japon ne se limite pas aux activités de production. Elle s'étend ensuite au développement de produits où les entreprises japonaises ont également des performances supérieures en termes d'innovation à leurs concurrents occidentaux sur tous les plans : vitesse et rythme de sortie de nouveaux produits, qualité et coûts de développement. À cette occasion, les chercheurs font alors la découverte d'une autre innovation managériale : un nouveau type de gestion par projets, fondé sur de nouveaux principes de responsabilisation de directeurs de projets puissants (*heavyweight project managers*), l'expérimentation et l'ingénierie concourante, qui apporte la souplesse et la flexibilité que les projets planifiés ou les organisations fonctionnelles bureaucratiques sont incapables d'offrir[2].

1. James P. Womack, Daniel T. Jones et Daniel Roos, *The Machine That Changed the World: The Story of Lean Production*, New York, HarperCollins, 1991.
2. Steven C. Wheelwright et Kim B. Clark, *Revolutionizing Product Development: Quantum Leaps in Speed, Efficiency, and Quality*, New York, Free Press, 1992.

Transposée dans les pays occidentaux, par le biais des cabinets de conseil et des nombreuses missions industrielles organisées dans l'empire du Soleil-Levant, le succès de ces innovations managériales est foudroyant : le *lean management* et la gestion par projets conquièrent en quelques années le monde industriel. Dans leur livre, *Le Nouvel Esprit du capitalisme*, qui analyse la façon dont les entreprises ont assimilé les critiques sociales dans leurs doctrines de gestion, Luc Boltanski et Ève Chiapello accordent une place centrale à la « cité par projet » qui constitue, selon eux, le nouvel idéal d'organisation flexible et efficace de notre modernité activement promu par les consultants[1]. Comment expliquer cet engouement ? Pour cela, il faut décrire sa logique et son fonctionnement en s'appuyant sur les travaux qui ont étudié leur mise en œuvre dans les organisations.

Dans sa monographie du projet Twingo chez Renault, *L'auto qui n'existait pas*[2], Christophe Midler, chercheur en gestion, raconte l'aventure collective de la gestion par projets chez Renault. Importée du Japon, celle-ci vise à casser les rigidités des organisations bureaucratiques en insufflant à l'intérieur même des entreprises un esprit « commando » où des équipes multi-métiers sont réunies, pour un temps donné, afin de réaliser un projet de développement d'un nouveau véhicule sur lequel elles ont pris des engagements de performance auprès de leur direction générale. Midler raconte les tensions que suscite cette nouvelle organisation temporaire, dotée de pouvoirs étendus, vis-à-vis des grandes directions fonctionnelles qui voient d'un mauvais œil une partie de leurs effectifs affectés à cette nouvelle organisation. Dans cette logique, le projet s'oppose à la routine, c'est une

1. Luc Boltanski et Ève Chiapello, *Le Nouvel Esprit du capitalisme*, Paris, Gallimard, « *Nrf* Essais », 1999.

2. Christophe Midler, *L'auto qui n'existait pas. Management des projets et transformation de l'entreprise*, Paris, Interéditions, 1993.

aventure entrepreneuriale collective qui peut faire l'objet de récits héroïques lorsqu'elle se termine bien ou de sanctions quand les objectifs ne sont pas remplis.

Ces nouvelles approches du management de l'innovation visent à donner forme à ce que Burns et Stalker appelaient, de manière vague, le « modèle organique de l'innovation ». L'équipe projet, structurée autour d'un directeur de projet aux prérogatives larges, met l'accent sur la dimension cohésive de l'action plutôt que sur des règles à suivre. C'est l'image du pack de rugby selon la mythologie officielle véhiculée par les consultants et les directeurs de projet. Le *storytelling*, c'est-à-dire la mise en récit, devient une partie intégrante de la démarche : il ne s'agit pas seulement de réussir le projet mais de faire rêver en racontant une histoire épique.

Combiner la recherche rationnelle de performances à la force des imaginaires

L'impact de l'adoption de la gestion par projets sur leur performance en matière de raccourcissement des délais de développement, de réduction des coûts et d'amélioration de la qualité des produits, a fait l'objet d'innombrables études[1]. Il ne faut cependant pas sous-estimer la force mobilisatrice du mythe, sa mise en récit et son importance dans la structuration des imaginaires collectifs. C'est la thèse des chercheurs en gestion Armand Hatchuel et Benoît Weil qui ont souligné le rôle des mythes rationnels dans la diffusion des techniques managériales tout au long de l'histoire industrielle[2].

1. Gilles Garel, *Le Management de projet*, Paris, La Découverte, « Repères », 2011.

2. Armand Hatchuel et Benoît Weil, *L'Expert et le Système*, Paris, Economica, 1992.

Dans cette perspective, mobiliser les collaborateurs implique de susciter de nouveaux imaginaires autour de l'innovation et de sa gestion, susceptibles de concilier à la fois les aspirations des individus qui composent les projets et les objectifs de performance attendus par l'organisation. Le succès de la gestion par projets, comme celle du *lean management* ou de la qualité totale, a été tel, que ces méthodes ont très vite colonisé l'ensemble des sphères d'activité, privées comme publiques. Dans le domaine public, elles font partie du *New Public Management* (NPM), cette doctrine qui a consisté à transposer la culture de la performance du privé au public.

Avec la généralisation de la forme projet, l'innovation devient l'affaire de tous. Elle n'est pas l'apanage des seuls métiers réputés « créatifs » (design, ingénierie, marketing, recherche, *business development*), elle est à la portée de tous les autres (administration, production, banque, assurance, agriculture, maintenance…).

Mais la fabrication de récits utopiques ne se limite pas aux techniques managériales, elles sont également partie intégrante des vagues d'innovation qui se succèdent. Pour justifier les investissements publics et privés massifs qui ont été engagés dans les biotechnologies, les nanotechnologies, les énergies renouvelables, la voiture électrique, l'Internet, l'intelligence artificielle ou la 5G, il ne suffit pas de démontrer que ceux-ci sont rentables ou socialement utiles – démonstration impossible à réaliser *ex ante* – mais il faut fabriquer des promesses, et pour cela, construire des récits mobilisateurs qui fassent rêver et suscitent l'adhésion des publics. C'est l'objet de ce que le sociologue Jean-Louis Metzger appelle des « utopies rationnelles » qui, selon lui, ont accompagné toutes les grandes transformations sociales depuis les Lumières et la naissance de l'idée de progrès[1]. Une utopie

1. Jean-Luc Metzger, « Management réformateur et utopie rationnelle », *Cahiers internationaux de sociologie*, vol. CXI, n° 2, 2001, p. 233-259.

rationnelle, explique-t-il, est composée de trois éléments en interaction : un récit mobilisateur qui combine la critique d'un modèle ancien et la promotion d'un nouveau modèle ; des images-forces qui permettent de visualiser le nouveau modèle et ainsi de lui donner une forme concrète stimulant l'imagination ; des guides, méthodes et outils visant à donner des gages de sérieux et de rationalité à l'utopie, c'est-à-dire susceptibles de convaincre des individus rationnels d'engager des actions pour la faire exister dans le monde réel.

Dans cette perspective, l'innovation spécifique (un modèle de voiture électrique particulier par exemple), développée par un ou des acteurs identifiés, s'inscrit le plus souvent dans une utopie rationnelle plus large (par exemple, la voiture électrique comme solution de mobilité durable), fruit d'une construction collective de longue haleine destinée à légitimer les innovations qui en seront issues. La fabrication d'utopies rationnelles est ainsi l'une des conditions de possibilité d'innovations, et c'est pourquoi les innovateurs au sens large y accordent une importance aussi grande.

L'innovation comme processus créatif

Au cours des vingt dernières années, la culture de l'innovation a pris le virage de la créativité. À cet égard, une évolution significative est la façon dont les cultures alternatives – celles des start-up, des designers, des architectes, des artistes – ont été intégrées dans les grandes organisations privées et publiques pour susciter un nouvel état d'esprit favorable à l'innovation[1].

Cette approche repose sur l'idée implicite que ce qui permet à une entreprise ou une organisation de faire la différence par

1. Luc Boltanski et Ève Chiapello, *Le Nouvel Esprit du capitalisme*, *op. cit.*

rapport à ses concurrents est de faire naître des idées originales. Contrairement à l'approche schumpétérienne qui considérait l'innovation comme un art de la combinaison, l'accent est mis sur la production d'idées nouvelles susceptibles de déboucher sur des innovations radicales.

Deux approches de la créativité se sont développées simultanément ces deux dernières décennies. La première considère que la capacité créative n'est pas liée à la nature de l'organisation (start-up *vs* grande entreprise ou organisation), mais que c'est une affaire de méthode et d'organisation. Autrement dit, tout individu et toute organisation peuvent devenir créatifs à condition d'échapper à la routine et aux effets de fixation cognitifs dans lesquels ils sont enfermés[1].

La créativité est ici d'abord un processus collectif et dialogique qui peut être stimulé et organisé grâce à la mise en œuvre de méthodes adaptées. Celles les plus en vogue à l'heure actuelle se déroulent sous la forme d'ateliers, associant des acteurs aux compétences variées et accompagnés par des spécialistes formés à leur conduite en mobilisant des théories et méthodes issues de champs différents (design, psychologie, théories de la conception...)[2]. À partir d'une mise en situation concrète, c'est-à-dire la formulation d'un défi concret auquel l'organisation ou le collectif sont confrontés et pour lequel aucune solution satisfaisante n'existe, il s'agit de générer des idées ou concepts nouveaux qui pourront faire l'objet d'explorations ou de développements ultérieurs. Dans cette perspective, la gestion de l'innovation n'est plus un processus impersonnel associé au suivi de règles

1. 1. Pascal Le Masson, Armand Hatchuel et Benoît Weil, « Théorie C-K. Fondements et implications d'une théorie de la conception », *Les Techniques de l'Ingénieur*, avril 2018, p. 1-15.

2. Tim Brown, « Design Thinking », *Harvard Business Review*, juin 2008, p. 84-95.

et de jalons définis à l'avance, c'est une expérience créative que vivent des individus engagés dans un processus de conception innovante[1].

L'engouement pour ces méthodes s'explique par l'attractivité qu'exerce l'imaginaire de la créativité sur les individus, en particulier ceux qui travaillent au sein de grandes organisations bureaucratiques, qui sont en quête de sens et d'espaces de liberté pour échapper au diktat des objectifs de performance. S'engager dans des projets créatifs, c'est l'espoir pour eux d'échapper à la routine et de libérer leur potentiel créatif.

La seconde approche part d'un postulat différent : pour accroître les capacités créatives des grandes organisations mieux vaut créer des lieux dédiés, accueillant des start-up et des entrepreneurs, réputés plus créatifs, afin de générer de nouvelles idées et de développer conjointement des projets innovants. Ce modèle de *créativité par capillarité* se fonde ainsi sur l'idée que c'est de la cohabitation durable avec les start-up et leur culture qu'est susceptible d'advenir une transformation de la culture des grandes organisations vers davantage de créativité. Dans cette perspective, tout un langage et des dispositifs associés ont fleuri au sein des organisations : incubateurs, espaces de *coworking*, *maker spaces* sont devenus l'alpha et l'oméga auxquels souscrivent les grandes organisations. L'idée est d'installer au sein même de l'organisation des tiers-lieux où coopèrent des acteurs hétérogènes, aux cultures variées. À cet égard, et c'est le sens même du mot « tiers-lieux », il s'agit de créer des espaces autres qui ne sont pas soumis aux règles bureaucratiques de l'organisation[2].

1. Pascal Le Masson, Armand Hatchuel et Benoît Weil, *Les Processus d'innovation : conception innovante et croissance des entreprises*, *op. cit.*

2. Julie Fabbri et Florence Charue-Duboc, « Les espaces de coworking. Nouveaux intermédiaires d'innovation ouverte ? », *Revue française de gestion*, n° 254, 2016/1, p. 163-180.

Avec cette approche duale, une organisation structurée adaptée au développement de projets routiniers et des espaces tournés vers l'exploration et l'innovation radicale peuvent coexister. C'est le rêve d'organisations « ambidextres[1] » capables simultanément d'exploiter des solutions connues et d'en explorer des inconnues.

La novlangue de l'innovation à l'échelle organisationnelle et individuelle

La langue est le point central de toute culture. Dans le cas de l'innovation, nous avons mis en évidence comment s'était progressivement formée dans les pays développés, au cours des quarante dernières années, une novlangue de l'innovation, qui se diffuse dans le monde entier et qui constitue un nouveau catéchisme pour tous les acteurs publics et privés. Selon les publics, celle-ci peut prendre des formes légèrement différentes. Nous avons vu que le langage et la représentation macroscopique des décideurs publics diffèrent évidemment de ceux plus microscopiques des entreprises et des cabinets de conseil en management. Néanmoins, au-delà de ces différences, un certain nombre de points communs sont partagés et participent à la construction d'une culture de l'innovation.

Cette novlangue emprunte à trois registres : à l'imaginaire schumpétérien (la destruction créatrice, l'entrepreneuriat, l'innovation comme révolution et déstabilisation de l'ordre établi) ; au langage biologique utilisé sous forme métaphorique (écosystèmes d'affaires et industriels, symbioses industrielles, métabolismes de l'innovation, etc.) ; aux théories et méthodes de créativité.

1. Michael L. Tushman et Philip Anderson, « Technological Discontinuities and Organizational Environments », *Administrative Science Quarterly*, vol. 31, n° 3, 1986, p. 439-465.

À propos du premier registre, nous avons déjà largement souligné l'impact de l'imaginaire schumpétérien sur les représentations contemporaines de l'innovation. Avec la disqualification progressive du modèle linéaire de l'innovation et le retour en grâce des start-up et des entrepreneurs, ces derniers font désormais l'objet de toutes les attentions des acteurs publics, ce qu'illustre la déclaration du président Emmanuel Macron au salon VivaTech en 2017.

Mais tous les travaux sur les clusters et les processus d'innovation ont montré que celle-ci n'est pas le produit d'un acteur isolé, start-up, entrepreneur ou grande entreprise, mais qu'elle s'inscrit dans des réseaux territorialisés où des acteurs, aux compétences et fonctions complémentaires, sont en interaction à l'image d'un écosystème naturel. C'est la fonction de ce second registre biologique que d'insister sur la nécessité de construire ou de solidifier, par des interventions publiques et des stratégies d'entreprises adéquates, des systèmes d'innovation territorialisés ouverts à des collaborations avec une variété de partenaires[1].

Le troisième registre est relativement plus récent que les deux précédents et emprunte à l'imaginaire de la créativité. La cible visée par ce registre est différente des deux premiers : il s'agit moins de s'adresser aux décideurs publics, aux managers et aux experts, qu'aux acteurs de terrain susceptibles de « faire », de participer à des projets concrets d'innovation. Dans cette perspective, l'innovation est une aventure collective qui mobilise à la fois des méthodes de créativité, comme le *design thinking*[2] ou les ateliers de conception issus de la théorie de la conception

1. La métaphore biologique pour analyser les dynamiques d'innovation est notamment développée dans le livre de Nicolas Mottis et Rémi Maniak, *La Jungle de l'innovation. Comment survivre et prospérer ?*, Malakoff (Hauts-de-Seine), Dunod, 2021.

2. Tim Brown, « Design Thinking », art. cité.

(C-K)[1] et met en relation, dans des tiers-lieux, des start-up et des collaborateurs de grandes organisations.

La culture de l'innovation étendue au domaine public

Pour illustrer comment cette novlangue et cette culture de l'innovation opèrent concrètement, prenons un exemple volontairement éloigné de celui de l'entreprise : l'innovation publique. Sur le site Internet du Secrétariat général pour la modernisation de l'action publique en France, l'innovation publique est définie comme une administration « qui promeut l'innovation dans les services publics, de la conception à la mise en œuvre des politiques publiques ». Pour y parvenir, des formations sont organisées ainsi que des événements, comme la Semaine de l'innovation publique, qui propose tous les ans des partages d'expérience et met en évidence des innovations marquantes. Pour transformer l'administration et « la mettre en mouvement », selon la formule consacrée, de nouveaux dispositifs sont proposés comme le projet de la 27ᵉ Région. Ce dispositif se présente comme « un laboratoire de transformation publique, constitué en association indépendante, qui propose un espace pluridisciplinaire, réflexif et expérimental pour construire les futurs souhaitables de l'action publique ». De nouvelles méthodes, en rupture avec la conception traditionnelle des politiques publiques, sont préconisées : « Nous mobilisons des concepts inspirés du design, des sciences sociales et des mouvements alternatifs (do-it-yourself, culture du libre, éducation populaire)[2]. » L'exemple est intéressant car il souligne

1. Marine Agogué, Ingi Brown, Frédéric Arnoux et Sophie Hooge, *Introduction à la conception innovante. Éléments théoriques et pratiques de la théorie C-K*, Paris, Presses de l'École des mines, 2013.

2. https://www.la27eregion.fr/en/.

l'attrait qu'exerce la culture de l'innovation et de la créativité dans les univers publics. À cette aune, on est loin du langage et des référentiels de la gestion bureaucratique dont l'image colle encore au fonctionnement administratif.

Transformer les individus en entrepreneurs de soi et en créatifs

Comme nous l'avons souligné en introduction, la culture de l'innovation véhiculée par les organisations et les discours publics assigne aux individus de nouveaux rôles. L'innovation est présentée comme une opportunité pour leur développement personnel. Elle doit permettre à chacun de libérer son potentiel créatif, d'exercer ses talents et de s'engager dans des projets enrichissants. C'est aussi la promesse d'une ascension sociale qui ne passe pas nécessairement par la réussite scolaire puisque, comme nous l'expliquent les psychologues et les pédagogues, la créativité et le goût du risque sont des qualités largement distribuées dans la société et qui ne sont pas corrélées avec le niveau d'études.

Cette doctrine se matérialise dans la multiplication des formations à l'innovation et à l'entrepreneuriat. Toutes les universités et grandes écoles ont désormais leur incubateur, leur *innovation lab* dédié à l'innovation et des formations à l'entrepreneuriat et à l'innovation. Un tel changement culturel doit commencer par les enseignants eux-mêmes comme l'atteste la multiplication des responsables à l'innovation pédagogique censés identifier et susciter les méthodes innovantes et en favoriser la diffusion. Autrement dit, pour paraphraser la formule de Joel Mokyr, il s'agit de produire et de diffuser des *connaissances utiles* qui soient facilement mobilisables par les individus dans les projets d'innovation qu'ils sont susceptibles d'entreprendre dans le futur.

Troisième temps : les métamorphoses contemporaines de la culture de l'innovation : innovations vertes, innovations sociales et innovations frugales

Jusque-là, nous avons traité du phénomène de l'innovation de façon restrictive : en nous plaçant dans le contexte de pays développés, en mettant en scène des acteurs traditionnels (entreprises, start-up et acteurs publics) et en considérant, implicitement ou explicitement, que les projets d'innovation visent principalement des objectifs économiques. Est-ce à dire que la culture de l'innovation ne concerne pas aussi les pays émergents, qu'elle exclut la variété des acteurs sociaux (associations, ONG, économie sociale et solidaire (ESS)…), qu'elle est principalement de nature technologique et qu'elle ne peut viser d'autres objectifs qu'économiques ?

Sur ces quatre points, la réponse est, bien entendu, négative. Ce qui fait précisément l'universalité de la culture contemporaine de l'innovation est sa capacité à avoir absorbé, au cours des vingt dernières années, les multiples appropriations dont la notion a fait l'objet, de la part aussi bien d'entrepreneurs issus des pays émergents que d'acteurs poursuivant des finalités sociétales.

La culture contemporaine de l'innovation a progressivement intégré ces nouvelles pratiques en cherchant à les qualifier, à les institutionnaliser et à les intégrer, ce qui a contribué à définitivement élargir la signification du concept, bien au-delà de l'imaginaire de l'innovation technologique conduite par des entreprises high-tech.

Nous examinerons tour à tour trois types d'innovations qui contribuent à transformer le sens moderne que recouvre la notion : les innovations « vertes » et les communautés Tech For Good ; les innovations sociales ; les innovations dites « frugales ».

La doxa de l'innovation « verte » et de la Tech For Good

Les vagues de chaleur, les inondations, les feux de forêt et les ouragans rythment chaque été et notre quotidien dans des proportions croissantes. En cause, nous dit le GIEC, le réchauffement climatique et l'ensemble des dérèglements qu'il engendre sur la biodiversité, la hausse des températures et sur la survenue d'événements extrêmes.

Quelles sont les solutions pour éviter l'avenir sombre que nous promettent certains experts scientifiques ? L'innovation « verte » et la Tech For Good répondent en chœur les décideurs publics, les experts et les économistes *mainstream*. Philippe Aghion, Céline Antonin et Simon Bunel consacrent un chapitre de leur livre *Le Pouvoir de la destruction créatrice* à l'innovation verte et à la croissance soutenable. Pour lutter contre l'épuisement des ressources et la crise climatique, la décroissance n'est pas une solution, disent-ils. C'est en réorientant l'innovation vers des objectifs écologiques qu'une croissance soutenable peut être obtenue : « Seule l'innovation pourra éventuellement augmenter notre qualité de vie en utilisant moins de ressources naturelles et en émettant moins de dioxyde de carbone. Seule l'innovation nous permettra de découvrir de nouvelles sources d'énergie plus propres[1]. » Pour sortir de la dépendance au sentier (*path dependency*) vis-à-vis des technologies carbonées, les auteurs recommandent de mettre en œuvre des politiques volontaristes. Quatre leviers sont identifiés pour encourager l'innovation verte : la fiscalité écologique (taxe

1. Philippe Aghion, Céline Antonin et Simon Bunel, *Le Pouvoir de la destruction créatrice*, *op. cit.*, p. 217-218.

carbone notamment), les subventions à la R&D, la diffusion des technologies vertes couplée à une taxe carbone aux frontières et l'éducation des citoyens.

Reprenant ce raisonnement à leur compte, la Commission européenne et les États membres font de l'innovation verte le cœur de leurs politiques. On retrouve ce leitmotiv aussi bien dans le Pacte vert (*Green Deal*) adopté en novembre 2021 que dans le Plan de relance pour l'Europe (*NextGenerationEU*) adopté fin 2021. Il y est indiqué que pour parvenir à la neutralité carbone d'ici à 2050, l'importance et la rapidité de « l'investissement en faveur de l'innovation verte » constitueront des facteurs décisifs du succès de la transition écologique. L'Europe doit ainsi devenir le champion de l'innovation verte, ce qui permettra aux pays membres de faire d'une pierre deux coups : contribuer au sauvetage de la planète et renforcer la compétitivité économique du continent.

Cette vision techno-optimiste est largement partagée dans les milieux industriels et parmi les décideurs politiques comme l'illustre le plan France 2030, présenté par le président de la République le 21 octobre 2021, qui vise à faire émerger au sein du pays les champions technologiques de demain dans plusieurs domaines clés : les réacteurs nucléaires de petite taille, l'hydrogène vert, la décarbonation de l'industrie, les véhicules électriques, les avions bas carbone ou encore les biomédicaments[1].

Tous les discours critiques pointant du doigt les effets indésirables des innovations technologiques « vertes » ou visant à faire la promotion des basses technologies comme voie alternative sont systématiquement stigmatisés comme le signe d'un

1. Franck Aggeri, « France 2030 : le retour du colbertisme high tech », *Esprit*, vol. 1, n° 481-482, 2022, p. 16-20.

obscurantisme qui rejette les bienfaits des progrès de la science et de la technologie. Nous reviendrons sur ce débat dans la partie suivante.

Si l'innovation verte est clairement orientée vers des objectifs écologiques, un nouveau terme fait désormais fureur parmi les start-up et acteurs de l'innovation : la Tech For Good. Celle-ci a un sens plus large que l'innovation verte. Elle recouvre toutes les innovations qui visent à contribuer à la résolution des grands défis sociétaux de demain. La Tech For Good, disent les chercheurs en gestion Aurélien Acquier, Valentina Carbone et Cécile Ezvan[1], a ses salons annuels où se pressent investisseurs, entrepreneurs, scientifiques, ingénieurs, geeks, consultants et étudiants ; mais également leur langage et leur boussole : les objectifs du développement durable (ODD) de l'ONU. Dans une tentative pour créer une novlange du bien commun, l'ONU a défini, en 2015, dix-sept ODD (réduction de la pauvreté, accès à l'alimentation, changement climatique, biodiversité, etc.) qui couvrent l'ensemble des enjeux du développement durable et qui se subdivisent eux-mêmes en de nombreux sous-critères. Le succès de cette classification a été foudroyant, notamment pour structurer la communication et le reporting extra-financier des acteurs publics et privés : chacun rivalise d'efforts pour justifier en quoi leurs stratégies, leurs investissements et leurs innovations contribuent au bien commun, à l'aune des ODD. Dans cette perspective, les Tech For Good sont les innovations qui contribuent à un ou plusieurs des dix-sept ODD.

Comme le soulignent Aurélien Acquier et ses coauteurs : « Dix-sept objectifs de développement durable, c'est autant de visions différentes du "bien commun", dont les interactions ne

1. Aurélien Acquier, Valentina Carbone et Cécile Ezvan « "Tech for Good", ou "Good for Tech" ? La technologie au service de la soutenabilité », site AOC media, 23 juillet 2020.

sont pas suffisamment appréhendées. Que faire lorsque apparaissent des contradictions entre ces versions du bien commun ? » Laissée à la seule appréciation des acteurs privés, n'importe quelle innovation peut faire l'objet d'un plaidoyer *pro domo* expliquant sa contribution positive à tel ou tel objectif. Cette indétermination dans l'utilisation du référentiel des ODD ouvre la porte à toutes les instrumentalisations où la Tech For Good est détournée en « Good For Tech », écrivent les auteurs. Monsanto, grand promoteur des OGM, n'explique-t-il pas que ceux-ci permettent de lutter contre la faim et la malnutrition (ODD 2) et de lutter contre la pauvreté (ODD 1), laissant dans l'ombre les impacts négatifs sur la biodiversité (ODD 13 et 14) ?

L'innovation sociale : l'antithèse du modèle schumpétérien

Très en vogue depuis une vingtaine d'années, la notion d'innovation sociale recouvre un ensemble très hétérogène de pratiques et de principes qu'il n'est pas aisé de résumer. Nous nous appuierons ici sur l'ouvrage récent de Geoff Mulgan, membre de la Fondation britannique pour l'innovation, intitulé *Social Innovation*, qui en propose une analyse à la fois éclairante et distanciée[1].

Pour éviter tout malentendu, il faut d'abord souligner que l'épithète « social », traduit de l'anglais, a un sens beaucoup plus large dans cette langue que dans la nôtre : il correspond davantage au terme français de « sociétal », c'est-à-dire à un champ ouvert de problématiques relatives à la santé, au bien-être, à

1. Geoff Mulgan, *Social Innovation: How Societies Find the Power to Change*, Bristol, Policy Press, 2019.

l'environnement naturel, à la pauvreté, aux inégalités, à la participation citoyenne, à la représentation des individus, etc.

Comment définir l'innovation sociale ? Celle-ci, explique Mulgan, est sociale à la fois dans ses fins et ses moyens : dans ses fins, car elle vise explicitement à répondre à des besoins dont l'utilité est reconnue ; dans ses moyens, car son processus se fonde sur la création de nouvelles relations ou collaborations qui sont positives pour la société et qui améliorent ses capacités d'action.

Cette définition appelle une première remarque : son caractère intrinsèquement normatif. En effet, contrairement aux innovations traditionnelles qui s'inscrivent dans une rationalité instrumentale, les innovations sociales relèvent d'une rationalité en valeur, pour paraphraser le sociologue Max Weber. Autrement dit, c'est au nom de valeurs sociales, qui ne sont pas réductibles au profit, à l'efficacité ou à l'utilité, que des acteurs dotés d'objectifs prosociaux se lancent dans de tels projets d'innovation.

Ainsi définies, les innovations sociales recouvrent une variété de pratiques hétéroclites : les données libres et ouvertes (*open data*), à l'instar de Wikipedia ou des logiciels libres, l'économie du partage, la lutte contre le gaspillage alimentaire, la lutte contre la malnutrition, l'économie circulaire, l'alimentation organique et les circuits courts, les communautés énergétiques, la justice sociale, etc.

Parmi les exemples les plus célèbres d'innovation sociale, on cite souvent la création de la Grameen Bank qui a valu à Muhammad Yunus d'être Prix Nobel de la paix. Il s'agit d'une conception radicalement nouvelle du rôle de la banque, centrée sur l'octroi de microcrédits pour développer des projets locaux et ainsi permettre à des individus de sortir de la pauvreté. Mais d'autres exemples plus proches de nous sont également mis en avant comme la création des AMAP (associations pour le maintien de l'agriculture paysanne) qui constituent des formes de circuits courts, sans intermédiaires, entre des groupes de paysans et des groupes de consommateurs liés par des engagements réciproques dans la durée sur différents critères qui vont des pratiques culturales à l'établissement de prix équitables en passant par la détermination des lieux et des fréquences de livraison des paniers de produits de saison. Au-delà des contrats, le développement de ces pratiques repose sur le lien social et des relations de confiance réciproques.

Ces différents types d'innovations partagent plusieurs points communs, explique Mulgan. En premier lieu, elles ont souvent pour origine une insatisfaction des entrepreneurs sociaux par rapport aux innovations actuelles et à leur aptitude à répondre aux besoins réels de la société. Trop d'efforts, estiment-ils, sont consacrés à de mauvaises finalités (les activités militaires, les besoins des populations les plus riches, des produits avec des impacts sur la santé ou l'environnement…) tandis que les besoins sociaux les plus urgents ne sont pas satisfaits, que trop innovations sont focalisées sur la technologie et la production d'objets matériels dont l'utilité sociale est discutable. En second lieu, ces innovations ont une visée transformative et utopique : elles cherchent à promouvoir des formes d'innovation plus inclusives, qui associent des usagers et des citoyens, qui mobilisent la créativité de communautés, de mouvements ou de groupes sociaux réunis pour accomplir un projet et qui cherchent à changer la société.

À cette aune, on peut donc considérer que beaucoup d'innovations sociales, actuelles et anciennes, relèvent d'une forme de contre-culture où il s'agit de sortir du modèle économique dominant et de doter les individus et les organisations de nouvelles capacités d'action en engageant des démarches participatives et solidaires.

Pour certains, explique Mulgan, l'ambition peut aller encore plus loin : retrouver un contrôle sur sa propre vie et son futur, voire mettre en place des formes d'institutions alternatives (ex. : communautés énergétiques, monnaies locales…). Dans ses versions les plus radicales, les innovateurs sociaux rejettent la possibilité d'une appropriation privée des fruits de l'innovation et le fonctionnement du système capitaliste en général. Ils considèrent que l'avenir passe par des actions collectives locales, visant à faire émerger des communs, autogérés par des communautés en dehors des institutions établies[1]. Dans ses versions les moins radicales, l'innovation sociale consiste à se doter d'une mission sociale qui n'exclut pas la poursuite d'objectifs économiques et qui peut se concrétiser par l'insertion dans des réseaux économiques traditionnels à l'instar de certaines entreprises de l'économie sociale et solidaire (ESS) ou d'entreprises privées dotées d'un statut juridique spécial qui protège leur mission sociale, appelées « sociétés à mission » en France ou *benefit corporations* aux États-Unis[2].

Est-ce que l'innovation sociale est un phénomène nouveau ? Mulgan fait remarquer avec justesse que, rétrospectivement, on pourrait requalifier d'« innovations sociales » toute une série de dispositifs qui ont été inventés et diffusés au cours des deux siècles précédents : crèches, sécurité sociale, vote des femmes, collecte sélective des déchets, etc. Il souligne que le XIXe siècle, qui est celui de l'intensification de l'innovation technologique et du développement d'un système capitaliste, coïncide également avec une période de prolifération d'innovations sociales

1. À ce sujet, voir Pierre Dardot et Christian Laval, *Commun. Essai sur la révolution au XXIe siècle*, Paris, La Découverte, « Poche/Sciences humaines et sociales », 2015.

2. Voir Kevin Levillain, *Les Entreprises à mission. Un modèle de gouvernance pour l'innovation dans l'intérêt commun*, Paris, Vuibert, 2017.

acquises le plus souvent de haute lutte : réseaux d'entraide, microcrédit, coopératives, syndicats, philanthropie, logement social… Le XXe siècle, et particulièrement sa seconde moitié, présente une différence majeure : les innovations sociales ont été souvent conçues et institutionnalisées par la puissance publique en même temps que se mettait en place un État-providence.

Qu'est-ce qui différencie les innovations sociales contemporaines des plus anciennes ? La première différence tient précisément que, à l'instar du XIXe siècle, beaucoup d'entre elles émanent du terrain, c'est-à-dire d'entrepreneurs sociaux, de mouvements collectifs ou de communautés, plus rarement de la puissance publique dont la doctrine néolibérale a contribué à réduire le champ d'action. La seconde différence vient du fait que, contrairement à leurs prédécesseurs, les acteurs contemporains revendiquent dorénavant le langage et le référentiel de l'innovation. Ils associent l'innovation à l'espoir d'un progrès, ici social, et lui attribuent une connotation positive.

Dernier point : dans quelle mesure cette contre-culture cohabite-t-elle avec la culture dominante de l'innovation ? Le point intéressant à souligner est le processus d'hybridation qui s'opère aujourd'hui entre ces deux cultures. Une vision superficielle pourrait laisser penser que les deux approches de l'innovation, schumpétérienne et sociale, sont fondamentalement contradictoires. La réalité est beaucoup plus nuancée. On peut d'abord observer que les promoteurs de l'innovation sociale ont intériorisé le langage et certaines valeurs de la culture dominante de l'innovation. Mais le processus d'hybridation a également une autre origine : l'action délibérée des pouvoirs publics pour soutenir certaines innovations sociales, pour les légitimer et en quelque sorte les institutionnaliser comme partie intégrante de la culture œcuménique et universelle de l'innovation. Ces actions prennent des formes diverses : la loi[1], les marchés publics, les subventions et aides publiques, la participation à différentes instances de gouvernance ou la création de *social labs* et *social accelerators* au sein des universités avec le soutien des gouvernements[2]. Cette récupération des principes et acteurs de l'innovation sociale s'étend également aux grandes entreprises à travers des partenariats avec des ONG ou des entrepreneurs sociaux en vue, et leur participation aux instances de gouvernance de fondations ou à des comités de parties prenantes. L'enjeu de telles initiatives est moins d'ériger l'innovation sociale en modèle de développement pour l'avenir que de restaurer la légitimité perdue ou abîmée de ces grandes institutions publiques et privées auprès de nombreux publics.

L'innovation frugale ou comment innover avec peu

Un autre type d'innovation correspond au concept d'innovation frugale. Cette notion a été proposée par trois chercheurs d'origine indienne, Navi Radjou, Jaideep Prabhu et Simone Ahuja, dans un livre paru en 2012, qui a eu un grand retentissement auprès des praticiens et des chercheurs, intitulé *Jugaad Innovation*[3].

L'idée centrale du livre est de prendre le contre-pied de la vision traditionnelle de l'innovation qui prévaut, selon les auteurs,

1. Par exemple, celle relative à l'économie sociale et solidaire, dite « loi Hamon » en France, ou certains articles de la loi antigaspillage et économie circulaire (AGEC) qui instaurent un droit à la réparation, condamnent l'obsolescence programmée et le gaspillage alimentaire.

2. Voir Geoff Mulgan, *Social Innovation: How Societies Find the Power to Change*, *op. cit.*

3. Navi Radjou, Jaideep Prabhu et Simone Ahuja, *Jugaad Innovation: Think Frugal, Be Flexible, Generate Breakthrough Growth*, San Francisco, Jossey-Bass, 2012.

dans les pays développés : un processus structuré mobilisant des moyens de R&D importants et utilisant massivement des ressources financières, scientifiques et naturelles. L'innovation frugale est son contraire : il s'agit d'innover de façon simple et robuste, de faire preuve d'ingéniosité à partir de ressources financières, naturelles ou scientifiques limitées, pour répondre aux besoins insatisfaits de populations démunies aux faibles revenus. Autrement dit, c'est innover avec peu. Le mot *jugaad* vient de l'hindi, nous disent les auteurs. Il désigne une solution improvisée, fondée sur l'ingéniosité, que l'on pourrait traduire en français par l'expression « système D ».

Un des exemples présentés au début du livre est l'histoire d'un potier indien, sans ressources financières, qui maîtrise l'art de la transformation de l'argile. Après un tremblement de terre qui a endommagé le réseau électrique local et mis hors service les réfrigérateurs, il a l'idée d'un concept de réfrigérateur en argile, conservant la fraîcheur des aliments à un prix raisonnable, pour des populations pauvres qui n'ont pas accès à l'électricité. Après différents essais dans son atelier, il met sur le marché un objet, le MittiCool, vendu 50 dollars. Ce dernier rencontre un grand succès en Inde. L'exemple illustre, selon les auteurs, la logique de l'innovation frugale. Dans un contexte de rareté des ressources naturelles et financières, et avec des compétences réduites, il est malgré tout possible de faire preuve d'ingéniosité et d'innover en développant une solution adaptée à des besoins jusque-là insatisfaits. Le livre abonde d'exemples similaires : du microcrédit en Inde, aux transactions financières via des téléphones cellulaires au Kenya ou le développement de la Nano, une voiture développée et commercialisée par le groupe Tata en Inde, pour 2 000 dollars.

Comme dans le cas de l'innovation sociale, le concept a rapidement attiré l'attention des gouvernements mais également des grandes entreprises des pays du Nord. Ces dernières ont identifié très tôt que leurs produits et services, sophistiqués et coûteux, destinés à des consommateurs solvables, étaient inaccessibles à des pans entiers de l'humanité. Ils ont entrevu tout le potentiel qu'il y avait à tirer de l'expérimentation locale de ce type de démarche pour développer des produits et services adaptés aux besoins des populations de ces pays, et ainsi accroître leur chiffre d'affaires et leurs profits, et au passage redorer leur image.

Le livre donne de nombreuses illustrations de telles initiatives de grandes entreprises occidentales cherchant à s'inspirer des principes de l'innovation frugale. Pour opérer une telle transformation, indiquent les auteurs, les grandes entreprises doivent repenser leur façon de gérer l'innovation et adopter une organisation décentralisée de la R&D en s'appuyant sur des équipes de développement locales, situées au plus près des besoins des consommateurs. Parmi les illustrations d'une telle stratégie, ils signalent celle de Danone pour développer un concept de microlaiterie au Bangladesh ou le cas de la Logan développée en Roumanie par Renault, via sa marque Dacia, dont le principe innovant est d'offrir une voiture simple et fiable, pour un prix environ deux fois plus faible que des véhicules de gamme comparable. Dans ce dernier cas, la surprise de Renault a été le succès inattendu des modèles de la marque Dacia en Europe de l'Ouest, lesquels constituent, aujourd'hui encore, la vache à lait du groupe sur le plan financier[1]. Renault a depuis lors renouvelé la démarche en Inde par le lancement, avec des équipes locales, d'un modèle *low cost* adapté au marché local : la Kwid[2].

1. Christophe Midler, Bernard Jullien et Yannick Lung, *L'Épopée Logan*, Malakoff, Dunod, 2012.

2. Christophe Midler, Bernard Jullien et Yannick Lung, *Innover à l'envers : repenser la stratégie et la conception dans un monde frugal*, Malakoff, Dunod, 2017.

Si certaines de ces innovations frugales peuvent être considérées comme des formes d'innovation sociale, d'autres, à l'instar de la Logan ou de la Kwid, relèvent d'abord d'une motivation de croissance du chiffre d'affaires et de recherche de profits accrus de la part de grandes entreprises.

Conclusion

À la lumière de l'enquête historique que nous avons menée, on comprend mieux comment une culture contemporaine de l'innovation, qui se présente sous cette forme étrange d'un patchwork, avec sa novlangue puisant à différents registres, ses pratiques hétéroclites et ses objectifs variés, voire contradictoires, a pu émerger et s'imposer.

Pour conquérir des publics variés, ses promoteurs ont incorporé des éléments issus d'influences différentes. Nous avons ainsi pu mettre en évidence comment cette culture s'était nourrie et avait hybridé trois cadrages successifs de l'innovation qui se sont succédé au cours du temps en réponse, voire en contre-modèle, aux précédents : l'approche de l'innovation ouverte et disruptive, centrée sur les collaborations avec et entre start-up, a émergé en réponse aux lourdeurs du modèle linéaire de l'innovation technologique intensive en R&D ; les approches de l'innovation sociale et frugale, portées par de nouveaux acteurs (tiers-secteurs, organisations hybrides, pays émergents), ont, quant à elles, émergé comme contre-modèles des deux précédents, à travers de nouvelles finalités sociétales et non économiques, ainsi que la promotion de nouvelles méthodes plus collaboratives et fondées sur les low-tech. Puis il y a l'innovation « verte », qui a la particularité de pouvoir s'incarner dans toutes ces approches : celles d'innovations high-tech (le modèle de la « croissance verte »), d'innovations ouvertes issues de start-up ou d'innovations sociales, frugales et collaboratives.

Chacune de ces approches constitue des sous-cultures fondées sur des croyances, des postulats, des méthodes et des acteurs différents. Leurs tenants peuvent diverger sur de nombreux points. Ainsi, l'innovation technologique a mauvaise presse auprès des promoteurs de l'innovation sociale qui estiment que la sophistication technologique est superflue et dangereuse, car elle détourne l'intelligence humaine et les ressources de la résolution des problèmes sociaux les plus urgents. À l'inverse, les partisans de l'innovation technologique fustigent le caractère anecdotique de certaines innovations sociales, incapables, à leurs yeux, de générer durablement de la croissance économique, des emplois et des revenus.

Toutefois, en y regardant de près, ces sous-cultures partagent des points communs. Ce qui fait débat, ce n'est pas le principe d'innover, mais l'épithète qui y est accolé. Les controverses portent en effet sur la technologie, sur les visées lucratives des entreprises ou sur l'impact économique des innovations sociales, pas sur l'idée même d'innover qui est systématiquement valorisée. Pour tous ces acteurs, aussi dissemblables soient-ils dans leurs aspirations, leurs organisations et leurs méthodes, l'innovation a toujours une connotation positive. De façon significative, consultants et entreprises n'hésitent pas à hybrider ces différentes approches dans un joyeux méli-mélo où la culture de la performance côtoie les objectifs sociétaux du développement durable, le high-tech celle des low-tech, les méthodes formalisées par projet, la culture artiste des designers et de la créativité. Au fond, tout se passe comme si le mot d'innovation avait remplacé celui, plus controversé, de progrès et s'était imposé comme un concept œcuménique universel, désirable, associé à des changements nécessaires pour transformer la société.

Comment expliquer cette attractivité de la notion auprès de publics aussi hétéroclites ? L'innovation a cet avantage sur le progrès qu'elle n'offre pas les mêmes prises à la critique. Ce dernier concept a été progressivement dévalorisé car il était associé à une visée prométhéenne, héritée des Lumières, promue par les « puissants » de ce monde (décideurs politiques, experts, scientifiques, philosophes), qui étaient accusés de prétendre décider d'en haut ce qui est bien et juste pour l'ensemble de l'humanité[1].

L'innovation, que nous venons de décrire dans la variété de ses formes et conceptualisations contemporaines, fonctionne exactement à l'envers : elle n'a aucune paternité célèbre ; elle vient essentiellement du bas, c'est-à-dire d'une myriade d'initiatives locales ; elle ne vise pas l'accomplissement du Progrès mais de progrès (au pluriel), entendus dans des sens aussi variés et contingents que ceux des innovateurs et des usagers qui les développent ou les adoptent. Cette indétermination des finalités des innovations est évidemment problématique et peut paraître déconcertante, mais c'est précisément ce qui évite les prises à la critique. Son flou et son caractère malléable sont un atout pour permettre les appropriations les plus diverses.

Plus fondamentalement, ce qui explique la persistance d'un biais pro-innovation est que l'innovation désigne un devenir : elle se présente toujours d'abord sous la forme d'une idée ou d'un projet, comme un ensemble de promesses et de potentiels ; ensuite seulement, comme un processus organisationnel et social ; et enfin, comme un jugement – généralement positif – quand le projet est arrivé à son terme et que la rencontre s'est faite avec des usagers. Quand le processus d'innovation s'achève, celle-ci se métamorphose : elle prend alors une forme visible : celle d'une

1. Pour une discussion des débats et des perspectives autour de l'idée de progrès, le lecteur pourra se référer au livre d'Étienne Klein, *Sauvons le progrès*, La Tour-d'Aigues, Éditions de l'Aube, 2017.

technologie, d'une infrastructure, d'un objet, d'un service ou d'une méthode.

Quand il y a controverse, c'est rarement le procès du projet d'innovation qui est fait mais le plus souvent celui de la forme dans laquelle celui-ci s'est métamorphosé et des organisations qui en ont été à l'origine ; autrement dit, le procès d'entités tangibles et matérielles que l'on peut identifier et combattre.

On comprend mieux, à cette aune, pourquoi l'innovation est une notion adaptée pour incarner cette figure dépolitisée du progrès, qui n'a ni histoire ni connotation négative. Ce n'est pas un hasard si aussi peu de travaux de recherche se sont intéressés à l'histoire même d'une notion aussi banale.

Si l'innovation est à la fois aussi omniprésente et aussi peu discutée, c'est qu'on peut faire l'hypothèse, en suivant l'analyse de l'anthropologue Mary Douglas[1], qu'elle fait désormais partie de ces *classifications ou catégories sociales naturalisées* qui imprègnent les croyances et des valeurs attachées à nos sociétés, c'est-à-dire qu'elle est devenue partie intégrante de notre culture.

1. Mary Douglas, *Comment pensent les institutions*, trad. fr. par Philippe Steiner, Paris, La Découverte, Mauss, 1999.

Deuxième partie

Innovation, l'heure du doute

Innover. Toujours plus, toujours plus vite. Telle est l'injonction qui s'impose à nous pour échapper à l'immobilisme et à la routine mais aussi pour nous adapter aux changements permanents qui nous menacent. Remettre en cause cet objectif ? C'est refuser le progrès, faire preuve de passéisme, se condamner au déclassement et au déclin, nous disent les économistes et les décideurs publics.

Alors qu'il semblait avoir triomphé, ce discours pro-innovation, largement intériorisé, commence cependant à se heurter à des résistances de plus en plus fortes. Avec l'Anthropocène, les critiques ont d'abord porté sur les impacts négatifs, environnementaux et sociaux, des innovations technologiques. Aujourd'hui, elles s'étendent progressivement aux autres innovations qui étaient restées sous le radar : innovations financières, managériales, publiques...

Quel est le sens de cette course effrénée à l'innovation qui ne semble avoir aucun but sinon d'accélérer sans cesse pour ne pas tomber ?

Voici venue l'heure du doute et, avec elle, son cortège de questions sur l'avenir de ce qui fait société et le sens à donner à l'action en commun.

Le chapitre 3 sera consacré à l'analyse des effets indésirables des innovations technologiques et aux difficultés pour les repérer et les anticiper. On ne compte plus les ouvrages et articles récents qui décrivent ou dénoncent les impacts des technologies sur nos modes de vie et sur la planète. L'objectif de ce chapitre n'est pas de proposer une nouvelle recension de ces impacts négatifs mais de s'interroger, à partir de quelques exemples, sur les difficultés à les rendre visibles, sur les différentes manières d'y parvenir et de les anticiper.

La question de la visibilité a notamment été développée sur un plan théorique par Michel Foucault dans ses différents livres. Il utilise la métaphore du regard pour souligner que certains phénomènes ne deviennent visibles et objet de politiques publiques ou de mobilisations sociales qu'à partir du moment où des savoirs, des instruments et des dispositifs se développent et sont mis en place[1].

Dans une perspective similaire, le sociologue Pierre Lascoumes met en évidence que « l'environnement naturel n'a acquis de visibilité sociale, n'a émergé comme nouvelle question sociale, n'a été construit en tant que problème qu'à partir du moment où des groupements privés puis les pouvoirs publics en ont fait un objectif pour leurs revendications et leurs interventions ». Ainsi, la naissance des questions environnementales est indissociable des savoirs, des expertises et des dispositifs qui les ont rendues visibles et actionnables[2].

1. Voir par exemple Michel Foucault, *Naissance de la biopolitique. Cours au Collège de France (1978-1979)*, *op. cit.*, et, pour une synthèse, voir Franck Aggeri, « La gouvernementalité chez Foucault : une perspective sur l'instrumentation de gestion », *in* Patrick Gilbert et Damien Mourey (dir.), *Philosophie et outils de gestion. Entre dévoilement des impensés et nouvelles potentialités de théorisation*, Paris, EMS Éditions, 2021, p. 73-100.

2. Pierre Lascoumes, *L'Écopouvoir. Environnements et politiques*, Paris, La Découverte, « Textes à l'appui/Écologie et société », 1994, p. 13.

Pour comprendre comment les effets indésirables de l'innovation pourraient être mis en évidence sur le plan environnemental et social, il convient de mener un exercice similaire : identifier les types de dispositifs et de savoirs sur lesquels les acteurs publics s'appuient aujourd'hui pour autoriser la commercialisation des innovations et laisser dans l'ombre certains impacts.

Dans cette optique, nous mettrons en évidence trois raisons qui contribuent à cette invisibilité : les effets différés de l'innovation dans le temps et les effets d'échelle ; les transferts de pollution (dans l'espace, entre types de polluants, et entre les phases du cycle de vie des produits et des technologies) ; les effets sociaux et sur nos modes de vie, qui ne se manifestent pas toujours immédiatement et qui peuvent également s'opérer dans des pays lointains, hors de notre vue.

Le chapitre 4 sera consacré, pour sa part, aux faces cachées d'innovations plus pernicieuses, car moins visibles, mais tout aussi nocives : les innovations financières et certaines innovations managériales. Les crises financières récentes, notamment celle de 2008, qui ont eu des impacts négatifs durables sur l'économie, l'endettement (car il a fallu renflouer le système financier menacé de faillite) et l'emploi, sont ainsi largement imputables à une myriade d'innovations financières échappant très largement au contrôle des régulateurs. Celles-ci ont accru la volatilité du système financier mondial et les risques de crises systémiques. L'impact de certaines innovations managériales est, quant à lui, moins directement visible car il agit d'abord sur le mal-être et la subjectivité des individus. Mais nous verrons que le stress au travail et les risques psychosociaux ont partie liée à l'adoption de certaines méthodes managériales qui cherchent coûte que coûte à fabriquer des individus performants et adaptables.

Chapitre 3

Comment rendre visibles les effets négatifs des innovations technologiques ?

La contestation des effets visibles des innovations

Les contestations des effets de l'innovation technologique ne sont pas nouvelles. Dès les XVIIIe-XIXe siècles, nous explique Jean-Baptiste Fressoz, dans *L'Apocalypse joyeuse*[1], des luttes et des controverses ont surgi autour des usines, des machines, des vaccins et des chemins de fer. L'un des personnages de son livre est Eugène Huzar, avocat de profession, qui, dans *La Fin du monde par la science*, écrit en 1855, s'interroge sur le type de progrès désirable auquel conduisent la société industrielle et l'esprit positiviste qui domine alors. « Selon Huzar, la science expérimentale étant une connaissance *a posteriori*, elle ne peut anticiper les conséquences lointaines de ses productions toujours plus puissantes. Et ce décalage entre capacités techniques et capacités de prévision conduit inexorablement à l'apocalypse », nous dit Fressoz[2]. Ce dernier critique l'hypothèse d'un éveil écologique contemporain qui contrasterait avec la foi aveugle de nos anciens vis-à-vis du progrès scientifique et technique. La dénonciation des effets du progrès technique sur les climats

1. Jean-Baptiste Fressoz, *L'Apocalypse joyeuse. Une histoire du risque technologique*, Paris, Seuil, 2016.
2. *Ibid.*, p. 12.

ou sur les pollutions ne date pas d'aujourd'hui, pas davantage que les craintes sur la santé que génèrent les vaccins. Fressoz remet en question les oppositions qu'il juge factices entre modernité et modernité réflexive (Anthony Giddens) ou entre société du progrès et société du risque (Ulrich Beck) qui contribuent à dépolitiser l'histoire longue. Il souligne que, dès le XIXe siècle, de nombreux auteurs avaient proposé des analyses similaires et que la modernité n'a jamais été univoque dans sa vision du monde. Pour rendre possible et acceptable le changement technique, c'est-à-dire légitimer l'innovation technologique, il a fallu mettre en œuvre des dispositifs pour désinhiber les réticences morales, désamorcer les critiques sociales et normaliser le danger. Fressoz développe ainsi une analyse de la modernité comme une somme de « petits coups de force, de situations imposées et d'exceptions normalisées[1] ».

Le point intéressant de ce livre de Jean-Baptiste Fressoz est de déplacer le terrain d'analyse. Au cœur du processus de légitimation de l'innovation technologique se trouvent en effet des processus moins médiatiques que les débats d'idées mais certainement plus performatifs : la fabrication des standards, les systèmes de métrologie et les savoirs scientifiques qui visent à « normaliser » l'innovation pour la rendre acceptable.

Dans cette perspective, l'enjeu n'est pas tant de dénoncer les effets visibles ou prévisibles des innovations que de mettre en évidence comment celles-ci sont cadrées et légitimées, visibilisant certains effets et en en laissant d'autres dans l'ombre. Prenons, pour cela, la question des impacts environnementaux et sanitaires des innovations.

1. *Ibid.*, p. 20.

Évaluation des impacts environnementaux et sanitaires : le régime de la norme technique

L'action publique environnementale et sanitaire contemporaine des innovations est centrée sur une phase de leur processus, la commercialisation, et sur un mode d'action dominant, l'édiction de normes d'émission.

Lorsque l'innovation technologique est sur le point de déboucher sur la commercialisation d'un produit, d'un équipement ou d'une infrastructure, elle doit passer le test du respect de toute une série de normes environnementales et sanitaires, adossées à des réglementations et des autorisations administratives, et édictées sous la forme de seuils d'émission. Toute la phase amont de l'innovation échappe à la vigilance du régulateur, de même qu'une grande partie de la phase d'usage, hormis dans certains cas particuliers soumis à inspections ou révisions régulières (ouvrages d'art, automobiles, bâtiments…).

Ces normes techniques présentent par ailleurs plusieurs caractéristiques qui permettent d'en cerner les limites : elles sont négociables (et donc perméables aux lobbys pour en limiter l'ambition ou pour discuter des protocoles de mesure) ; elles sont incomplètes (seuls certains types d'émission sont contrôlables et contrôlés) ; elles sont conventionnelles (elles s'appuient sur des protocoles normalisés qui ne donnent qu'une image simplifiée du phénomène modélisé) et elles évoluent lentement au fur et à mesure que de nouvelles connaissances sur le phénomène pris en compte sont avérées. Ainsi, la normalisation est en retard sur les innovations ; elle ne repère que les effets connus ; elle peut être contournée par les industriels qui maîtrisent les protocoles de tests. Autrement dit, le fait qu'un nouveau produit ou équipement issus d'une innovation technologique soient autorisés par la puissance publique ne garantit en rien leur innocuité sur le plan environnemental ou sanitaire.

Ainsi, que savons-nous des impacts potentiels à long terme des nanomatériaux ou des biotechnologies sur le plan sanitaire ou environnemental ? Peu de choses. Et lorsque des effets négatifs seront révélés, il sera probablement trop tard pour agir car de telles technologies auront été disséminées dans un grand nombre de produits de consommation courante.

La normalisation technique et l'innovation technologique sont ainsi partie intégrante de la société technicienne dont parlait Jacques Ellul[1]. Ce dernier avait souligné le caractère *auto-expansif de la technique*, c'est-à-dire qu'une des particularités des systèmes techniques complexes, fondés sur une division du travail poussée, est qu'ils tendent à acquérir leur propre autonomie. Personne n'ayant de vue d'ensemble de ces systèmes, les acteurs sont prisonniers d'une certaine vision du monde construite autour de la technique. Dans cette perspective, les problèmes créés par la technique doivent être logiquement résolus et évalués par de nouvelles techniques.

À certaines techniques du passé, réputées polluantes ou dangereuses pour la santé, ont succédé les Tech For Good dont la légitimité se fonde sur des promesses de progrès social ou écologique et sur leur conformité à des normes techniques. Se met ainsi place une forme de circularité du raisonnement : les innovations technologiques sont « optimisées » pour passer les tests normatifs qui intègrent à leur tour les derniers développements technologiques. Une dépendance de sentier se construit où, régulateurs et régulés partageant le même langage technique et le même référentiel, il est difficile d'imaginer des solutions radicalement différentes des précédentes dans leurs principes et leur fonctionnement.

1. Jacques Ellul, *Le Système technicien*, *op. cit.*

Pour comprendre l'impact de cette logique de normalisation sur l'innovation et les problèmes spécifiques qu'elle pose pour la visibilité à long terme des impacts environnementaux et sociétaux de l'innovation, partons d'un exemple concret : celui du véhicule électrique.

Les problèmes de visibilité des impacts de l'innovation : l'exemple du véhicule électrique

« Qui traite la question de la mobilité propre dans sa globalité ? Comment est-ce que nous allons produire plus d'énergie électrique propre ? Comment faire pour que l'empreinte carbone de fabrication d'une batterie de véhicule électrique ne soit pas un désastre écologique ? Comment faire en sorte que le recyclage d'une batterie ne soit pas un désastre écologique ? Comment trouver suffisamment de matières premières rares pour faire les cellules et les chimies des batteries dans la durée ? Qui aujourd'hui est en train de se poser la question de manière suffisamment large d'un point de vue sociétal pour tenir compte de l'ensemble de ces paramètres ? »

Qui est l'auteur de cette déclaration ? Un militant écologiste ? Un expert de l'automobile ? Un scientifique ? Non. Elle a été prononcée en septembre 2017 par Carlos Tavares, alors PDG de PSA, au Salon de l'automobile de Francfort. Elle est intéressante car elle résume en quelques phrases les questions ouvertes qui se posent à propos des impacts négatifs éventuels qu'est susceptible d'engendrer le développement de la voiture électrique à grande échelle.

Pour comprendre cette déclaration, il faut la remettre dans son contexte. En 2017, l'industrie automobile subit encore les contrecoups de la tourmente du dieselgate, ce scandale industriel et sanitaire révélé début 2015 aux États-Unis par une ONG et un laboratoire universitaire, né de la triche organisée par Volkswagen pour truquer les résultats de ses véhicules diesel lors de tests antipollution. Le scandale a pris une telle ampleur avec les poursuites engagées par l'agence environnementale américaine (EPA) et la justice américaine, qu'il a conduit les pouvoirs publics européens, mis sous pression, à durcir les réglementations à l'encontre du diesel et supprimer les incitations fiscales dont bénéficiait la technologie sous prétexte qu'elle était une technologie « propre », moins émettrice de gaz à effet de serre que les véhicules à essence[1]. Les voitures diesel, qui ont représenté jusqu'à 60 % des ventes de véhicules particuliers du groupe PSA et 62 % du parc automobile en France, se sont trouvées ainsi du jour au lendemain stigmatisées. Pour les spécialistes européens de la technologie, dont PSA est l'un des fleurons, la pilule est alors difficile à avaler.

La déclaration de Carlos Tavares exprime à ce moment-là une rancœur : celle d'un procès qu'il estime injuste à l'égard de la technologie diesel alors que sa remplaçante désignée (la technologie électrique) n'est pas exempte de doutes et de risques potentiels, sans compter les milliards de subventions publiques qu'il va falloir débourser pour la stimuler. « 5 000 euros ou 10 000 euros par voiture, cela coûte une fortune à l'État, et donc au contribuable. C'était d'ailleurs un des gros avantages du diesel qui permettait de réduire significativement les émissions de CO_2 à un coût de la technologie abordable et accessible à tous. [...] Le diesel a gagné la bataille technologique, mais il a perdu la bataille politique », ajoute-t-il. « Nous sommes *clean*, se défend-il. Je suis en colère et désolé pour les 220 000 personnes du groupe qui travaillent tous les jours d'arrache-pied pour produire des véhicules de qualité. »

1. Franck Aggeri et Jean-Michel Saussois, « La puissance des grandes entreprises mondialisées à l'épreuve du judiciaire. De l'affaire Volkswagen au dieselgate », *Revue française de gestion*, n° 269, 2017/8, p. 85-102.

Tiendrait-il encore le même discours aujourd'hui ? Il est probable que non. Sa déclaration est-elle pour autant dénuée d'intérêt ? Elle ne l'est pas. Et voici pourquoi.

Pourquoi le véhicule électrique est-il considéré comme une innovation « verte » ?

Pour comprendre comment la question de l'électrification du système automobile a été cadrée et pourquoi la voiture électrique est considérée aujourd'hui comme une innovation « verte », il convient de décrire le référentiel d'évaluation des impacts environnementaux utilisé par les pouvoirs publics au niveau mondial et les dispositifs sur lesquels ils s'appuient pour autoriser la commercialisation des innovations.

Comment décrire ce référentiel ? Il consiste à évaluer les impacts environnementaux du véhicule à l'échelle du *produit* (un modèle spécifique) par *kilomètre* parcouru, et il concerne principalement la phase d'usage[1]. Au moment de sa commercialisation, chaque innovation (nouveau modèle) doit ainsi respecter des normes d'émission (de CO_2 et d'autres polluants atmosphériques mesurés en grammes par kilomètre parcouru). L'avantage de ces réglementations est qu'elles sont, en principe, simples à vérifier sur des bancs d'essai prévus à cet effet par des organismes de certification indépendants[2].

Sur la base de ces calculs, on peut construire des incitations économiques destinées à orienter les efforts des constructeurs vers des véhicules moins émetteurs, notamment en CO_2. C'est

1. Il existe également des réglementations qui portent sur la fin de vie (recyclage et recyclabilité du véhicule) et sur les émissions des usines soumises au marché européen des quotas.

2. Même si le dieselgate a mis en évidence qu'il était possible de les contourner grâce à un logiciel truqueur.

ce qui a été fait en Europe avec les systèmes de bonus/malus (depuis 2006) et avec l'adoption de la norme Cafe, qui mesure les émissions moyennes par véhicule et par kilomètre pour chaque constructeur et pénalise ceux qui dépassent un seuil fixé à l'avance et régulièrement révisé.

Ainsi, ce que l'on oublie souvent est que, pour être opératoires, les incitations économiques doivent nécessairement se fonder sur des normes, qu'elles soient techniques, comptables ou administratives.

À ces incitations sont venues s'ajouter des subventions publiques massives, que l'Agence internationale de l'énergie (AIE) évaluait à 30 milliards de dollars dans le monde en 2021[1], soit le double de celles de 2020, ainsi que l'interdiction programmée des véhicules thermiques dans certaines villes. Ces différents mécanismes ont eu un effet spectaculaire sur le développement des véhicules électriques.

Entre 2018 et 2021, note l'AIE, le parc de véhicules électriques et hybrides rechargeables a triplé pour atteindre 6,6 millions de véhicules ; leur part de marché a atteint 10 % en 2021 contre 2,5 % en 2019 ; les constructeurs proposent désormais quelque 450 modèles de ce type, soit cinq fois plus qu'il y a cinq ans. L'AIE souligne cependant que ce marché se développe surtout en Chine, au Japon, en Corée, en Europe, et dans une moindre mesure aux États-Unis, mais pas dans les pays émergents où le prix élevé de ces véhicules les rend inaccessibles aux populations locales.

Cette transition accélérée vers la voiture électrique doit-elle nous faire accroire que l'impact environnemental du système automobile est en passe d'être résolu ? Pour certains

1. Agence internationale de l'énergie (AIE), « Global electric vehicle outlook », 2022, disponible à l'adresse : https://www.iea.org/reports/global-ev-outlook-2022.

économistes et décideurs publics, la question ne se pose même pas. La légitimité sociale du véhicule électrique est acquise. C'est une technologie « verte », contribuant à une croissance écologiquement soutenable, expliquent en chœur les économistes, comme Philippe Aghion et ses coauteurs, et les pouvoirs publics[1].

Notons que dans le référentiel d'évaluation présenté plus haut, cette assertion est fondée : avec un parc entièrement électrifié, les véhicules n'émettraient plus de gaz à effet de serre et de polluants atmosphériques à l'usage, lesquels sont les deux normes d'émission qui font autorité. Faut-il en déduire que la voiture électrique est une innovation entièrement « propre », sans impacts sociétaux et environnementaux ? Tous les impacts environnementaux se réduisent-ils à ces deux critères ? La réponse est évidemment négative. Et pour s'en convaincre, il faut revenir à la déclaration du PDG de PSA de l'époque.

Comment un changement de référentiel peut rendre visibles des impacts négatifs potentiels

Le discours de Carlos Tavares a ceci d'intéressant qu'il suggère implicitement un changement de référentiel d'évaluation des impacts environnementaux.

En premier lieu, le référentiel ne désigne pas la seule phase d'usage mais les impacts sur l'ensemble du *cycle de vie* du produit (l'impact de la production d'électricité en amont et le recyclage des batteries en aval).

En second lieu, il ne se focalise pas uniquement sur les émissions de GES ou les polluants atmosphériques mais sur la question

1. Philippe Aghion *et al.*, *Le Pouvoir de la destruction créatrice*, *op. cit.*, chapitre 9 : « Innovation verte et croissance soutenable ».

des *ressources*, en particulier la consommation de matériaux rares (lithium, cobalt, nickel) présents en masse dans les batteries.

Enfin, il appelle à examiner l'ensemble de ces impacts d'une *manière globale*, c'est-à-dire implicitement non seulement à l'échelle du véhicule, mais plus largement à celle du système automobile, c'est-à-dire en incluant les infrastructures nécessaires à son fonctionnement (bornes, réseaux électriques, etc.).

Examinons tour à tour ces différents points. L'impact écologique de la production électrique tout d'abord. Rappelons que la moitié des véhicules électriques produits et vendus dans le monde sont fabriqués en Chine. Certes, la qualité de l'air très dégradée des villes chinoises peut bénéficier de la diffusion massive de véhicules électriques (VE). En revanche, le mix énergétique chinois étant encore majoritairement fondé sur le charbon (à 58 % en 2021), son bilan carbone est très mauvais. À cet égard, et tant que la production électrique mondiale n'aura pas été entièrement décarbonée (on en est encore très loin), les voitures électriques contribueront au réchauffement climatique.

La question de la consommation des ressources naturelles ensuite. Une batterie de VE pèse en moyenne entre 250 et 300 kg, soit bien davantage qu'un moteur thermique. Une part importante est constituée de métaux dits « rares » tels que le lithium, le cobalt, le nickel, le manganèse, le cuivre… L'AIE anticipe que la demande de cobalt, tirée par la croissance du parc de VE, devrait sextupler d'ici à 2030 pour atteindre 500 000 tonnes. Pour cela, il faudrait ouvrir l'équivalent de 50 mines de taille moyenne. Or ce métal, coproduit du cuivre, provient majoritairement de pays à risque. La République démocratique du Congo (RDC) a fourni à elle seule 73 % de la production mondiale en 2021. Dans ce pays, le cobalt est extrait par 250 000 mineurs, dont beaucoup d'enfants, dans des conditions sanitaires et sociales épouvantables, soulignent les

ONG ; sans compter que la population ne bénéficie que très peu de cette richesse qui est exploitée par des entreprises chinoises auxquelles toutes les concessions d'exploitation ont été cédées par le gouvernement de la RDC. L'extraction du lithium, très consommatrice d'eau et concentrée dans quelques pays, soulève également des dépendances géostratégiques et des problèmes environnementaux importants. Il en va de même pour le cuivre et le nickel[1]. Pour embarquer une batterie aussi lourde et le moteur électrique qui va avec, le véhicule dans son ensemble pèse également plus lourd qu'une voiture thermique équivalente. Ainsi, il faut extraire 10 tonnes de matières premières pour fabriquer un véhicule électrique[2] qui pèse, pour une Tesla modèle S, entre 1,6 et 1,8 tonne.

On comprend mieux, à cette aune, les enjeux particulièrement critiques du recyclage des batteries, ne serait-ce que pour récupérer ces matières premières secondaires et éviter les pollutions, les impacts sociaux et la dépendance à l'égard de quelques pays producteurs. C'est l'objectif de la révision de la Directive européenne sur les batteries, en cours de discussion, d'obliger les constructeurs à recycler les batteries en fin de vie et d'incorporer une part de métaux recyclés dans la production de batteries neuves. D'ores et déjà, constructeurs et industriels du recyclage ont lancé la construction d'usines de recyclage des batteries pour répondre à ces exigences. Cependant, on voit la limite de la démarche : la durée de vie d'une voiture étant de quinze ans au minimum, la disponibilité des métaux recyclés n'interviendra pas avant 2030-2035 et sera toujours en retard par rapport aux besoins croissants de l'industrie. D'où la mise en garde de

1. Guillaume Pitron, *La Guerre des métaux rares. La face cachée de la transition énergétique et numérique*, *op. cit.*

2. https://www.lemonde.fr/idees/article/2022/05/05/meme-electrique-la-voiture-n-est-pas-un-vehicule-durable_6124871_3232.html.

l'AIE : il est urgent d'innover pour inventer des batteries moins gourmandes en métaux rares, et ainsi éviter les risques de pénurie qui pourraient survenir.

Autre point crucial : l'impact environnemental global du système automobile. Dans un parc mondial en croissance, il faudra davantage de routes, de parkings, de bornes de rechargement, de systèmes d'alimentation électrique, de production d'électricité fût-elle d'origine renouvelable : bref, un surcroît d'artificialisation des sols et de consommation de ressources naturelles.

La transition vers la mobilité électrique ne sera pas non plus sans conséquences sociales. Outre les impacts sociaux et sanitaires liés à l'extraction minière dont nous avons parlé, il faudra accompagner les restructurations inévitables de filières industrielles entières (production de moteurs thermiques et de pièces mécaniques, ateliers de réparation mécaniques, etc.) et les transferts d'emplois qui vont avec. À l'heure actuelle, indique l'AIE, 75 % des batteries produites dans le monde le sont en Chine et la très grande majorité en Asie. Pour éviter des pertes d'emploi massives dans les pays occidentaux, il faut d'urgence développer les compétences et des savoir-faire ainsi que les usines qui permettront de fabriquer des batteries, ce composant crucial à la mobilité électrique.

Les effets ambivalents des innovations technologiques

À la lumière de ce référentiel d'évaluation élargi, cet exemple illustre le caractère profondément ambivalent des innovations dites « vertes » : censées résoudre un problème écologique urgent (ici les émissions de gaz à effet de serre, les pollutions atmosphériques et le bruit des moteurs thermiques), elles sont susceptibles d'engendrer de nouvelles pollutions dont on n'observera les effets négatifs éventuels que dans des années, voire des décennies, c'est-à-dire au moment où leur diffusion aura produit tous leurs effets visibles. Aux transferts de pollution que nous avons mis en évidence s'ajoutent les impacts sociaux qui sont associés à ces innovations.

Le même raisonnement pourrait être appliqué aux éoliennes, dont la fabrication des aimants consomme des terres rares (néodyme, praséodyme, terbium et dysprosium), extraites à plus de 95 % en Chine, dans des conditions sociales et environnementales dramatiques[1], dont l'impact paysager et sur la biodiversité fait l'objet de controverses croissantes et dont le recyclage en fin de vie soulève des problèmes encore non résolus ; ou aux bâtiments à énergie positive, qui ont une empreinte carbone non négligeable si l'on tient compte de l'énergie et des émissions nécessaires à la fabrication des matériaux (béton notamment) utilisés pour leur construction. L'innovation technologique ne résout donc pas tous les problèmes écologiques, elle les déplace.

L'analyse vaut *a fortiori* pour toutes les autres innovations technologiques. Prenons l'exemple des innovations numériques (logiciels, cloud, vidéo, big data, télétravail, réseaux sociaux...). À l'origine, elles étaient associées aux promesses d'une société dématérialisée. On allait remplacer le papier et les imprimantes, on allait réduire les déplacements grâce au télétravail, etc. Quelques décennies plus tard, le bilan est différent. Le numérique représente déjà 10 % de la consommation mondiale d'électricité et 3,5 % des émissions de gaz à effet de serre[2]. Cette consommation se répartit aujourd'hui en trois ensembles de poids à peu près identique : les terminaux (téléphones, tablettes, ordinateurs),

1. Guillaume Pitron, *La Guerre des métaux rares. La face cachée de la transition énergétique et numérique*, *op. cit.*

2. The Shift Project : https://theshiftproject.org/wp-content/uploads/2021/03/Synthese_Numerique-et-5G_30-mars-2021.pdf.

les data centers et les réseaux. Avec la 5G, très énergivore, les objets connectés (Internet des objets ou IoT) et le développement exponentiel des applications logiciels consommatrices d'énergie, comme la généralisation de la vidéo à la demande, la consommation croît à un rythme annuel de 6 %. Dans le pire scénario, le numérique pourrait ainsi atteindre 7 % des émissions mondiales de GES en 2025. Par ailleurs, ces technologies présentent des effets sociétaux de plus en plus préoccupants – addiction aux écrans, chez les plus jeunes notamment – dont on mesure encore mal les impacts à long terme sur le développement personnel et le lien social.

Ainsi, les deux grandes révolutions technologiques qu'on nous promet (d'une part, la révolution électrique fondée sur les renouvelables et la mobilité électrique et, d'autre part, la révolution numérique) ne sont pas exemptes d'effets négatifs potentiels qu'il s'agit de considérer avec la plus grande attention pour éviter les désastres qu'évoque Carlos Tavares.

Pourquoi les effets négatifs des innovations technologiques sont-ils si difficiles à rendre visibles et à anticiper ? Quels sont les enjeux spécifiques à prendre en compte pour les anticiper ? Pour cela, examinons tour à tour trois raisons qui sont autant d'obstacles à cette visibilité.

Tragédie des horizons et effets d'échelle

La « tragédie des horizons » est une formule qui a été popularisée en 2015 par Mark Carney, le directeur de la Banque d'Angleterre, pour souligner la contradiction entre les risques financiers de court terme, qui focalisent l'attention des experts, et les risques financiers de long terme, comme le changement climatique, qui sont hors de leur champ d'attention et qui pourraient cependant conduire à l'effondrement du système financier s'ils n'étaient pas anticipés.

La formule pourrait s'appliquer également à l'innovation. À court terme, l'innovation semble avoir toutes les vertus car on l'envisage bien souvent à partir d'un raisonnement incrémental local et à court terme. Ses promoteurs évaluent son impact de façon unitaire en comparaison avec un produit, ou une fonction, rempli par une autre technologie et à partir de réglementations qui ont été construites par rapport aux anciennes générations de produits. Ainsi, dans l'ancien référentiel construit pour les véhicules thermiques, une voiture électrique est une voiture propre ; de même qu'une éolienne ou une centrale nucléaire n'émettent pas de CO_2 ou de polluants atmosphériques contrairement aux centrales thermiques. Mais cette évaluation positive n'est qu'un artefact de présentation. Elle résulte d'un biais de perception qui résulte de l'utilisation d'anciens référentiels, inadaptés aux nouvelles technologies.

Le raisonnement incrémental conduit également à négliger les effets d'échelle et systémiques. Au moment de la diffusion des premières voitures équipées d'un moteur thermique, au début du XXe siècle, nous avons vu que certains chimistes se félicitaient de l'effet supposé positif de cette technologie sur la qualité de l'air. Un siècle plus tard, avec la croissance gigantesque du parc automobile, les villes étouffent pourtant sous l'accumulation de polluants atmosphériques issus du trafic automobile.

L'arrivée des premiers véhicules électriques a alors été saluée comme un progrès environnemental permettant de se débarrasser enfin de ces polluants atmosphériques qui génèrent tant de maladies respiratoires et de morts prématurées et de lutter contre le changement climatique grâce à la réduction des émissions de GES. Mais que diront les générations futures face aux pénuries de métaux rares et aux impacts environnementaux et sociaux de leur extraction si cette technologie remplace la précédente ? Le même raisonnement vaut pour les éoliennes. Quelques grandes éoliennes disséminées sur le territoire n'affectent pas le paysage ou la biodiversité. Mais si ce sont des milliers de parcs éoliens qui couvrent le territoire terrestre ou maritime, ne risque-t-on pas de voir se multiplier les controverses et les problèmes d'acceptabilité sociale de la technologie ? Au moment de son introduction, le Roundup® a été présenté comme une grande avancée permettant de lutter efficacement contre les mauvaises herbes. Maintenant que son usage est devenu massif, ses effets sur la santé publique et sur la biodiversité sont devenus criants et sont la cause de mobilisations sociales pour demander son interdiction.

Cette limite du raisonnement incrémental souligne l'un des obstacles de la culture de l'innovation : issue d'initiatives locales, elle incarne la liberté d'entreprendre. Dans un monde aux ressources et aux capacités d'absorption infinies, le raisonnement pourrait se tenir. Mais cette situation n'existe pas. Notre planète est menacée par le développement sans limites des activités économiques et humaines. Encore plus aujourd'hui qu'hier, à l'heure de l'Anthropocène, on ne peut plus raisonner « toutes choses égales par ailleurs » car le temps est désormais compté. Il faut intégrer les innovations dans des réflexions globales qui prennent en compte les effets temporels, d'échelle, de système, et les irréversibilités qu'elles sont susceptibles d'engendrer sur le plan environnemental et social.

Ce dernier point est crucial car, les innovations une fois mises en place, il est souvent difficile de faire machine arrière, le coût social et économique d'une sortie de certaines innovations étant considérable. On le voit bien avec les pays qui souhaitent actuellement sortir du nucléaire : qui est prêt à payer le coût économique du démantèlement de centrales déjà amorties ? Et que faire des stocks de déchets radioactifs ?

Les transferts de pollution

Toute la difficulté des évaluations environnementales tient au fait que ce qu'on appelle « environnement » ne correspond pas à une catégorie homogène. Autrement dit, tous les problèmes environnementaux ne se résument pas à la question du changement climatique. La question des déchets avec la saturation des décharges, la prolifération de décharges sauvages, les déchets dangereux ou leur dispersion dans les océans et sur les plages, constitue une problématique en soi. La gestion de l'eau, la protection de la biodiversité, celle des paysages, les pollutions atmosphériques, tout cela constitue également des enjeux en soi qui ne sont pas réductibles aux tonnes de carbone émises. Chacun de ces problèmes est incommensurable avec les autres. Par exemple, dans les régions de la planète où l'eau manque, c'est forcément l'enjeu prioritaire ; de même que dans les villes où l'air est irrespirable du fait des pollutions atmosphériques, résoudre ce problème est nécessairement l'urgence.

Pour chacun de ces problèmes spécifiques, on peut chercher à construire une métrique ou un indicateur pour bâtir des systèmes d'évaluation à l'instar de la tonne équivalent CO_2 qui sert à mesurer les émissions de gaz à effet de serre. Cependant, pour certains problèmes, il n'existe pas de métrique simple connue. Le cas le plus emblématique est celui de la biodiversité. Dans le domaine agricole, la question de la protection de la biodiversité peut être appréhendée à l'échelle de la parcelle, de l'exploitation, du bassin-versant ou d'un territoire plus vaste. À chacune de ces échelles, les indicateurs pertinents peuvent varier et sont toujours dépendants du milieu pédoclimatique.

Cette hétérogénéité constitue une difficulté supplémentaire pour bâtir une méthode robuste d'évaluation des impacts environnementaux de l'innovation. Par construction, cette évaluation est nécessairement multicritère et contingente au type de produits ou d'équipements considérés, voire des pays dans lesquels l'innovation est déployée. Dans chaque situation, une innovation peut améliorer le bilan sur un critère et dégrader les impacts sur d'autres critères par rapport à une solution de référence. C'est ce qu'on appelle les transferts de pollution.

Les exemples de technologies « vertes » que nous avons considérés précédemment (voiture électrique, éoliennes) illustrent ces transferts de pollution. Si elles se diffusent à large échelle, elles vont améliorer certains critères (par exemple les émissions de GES) mais en dégrader d'autres (la consommation de ressources et de métaux rares, la recyclabilité, la biodiversité ou l'impact paysager dans le cas des éoliennes).

Ces transferts de pollution ont lieu entre *types de polluants* mais peuvent également survenir de façon différenciée dans l'*espace*. Prenons à nouveau l'exemple de la voiture électrique. Elle n'a que des bénéfices pour les habitants des villes qui verront la qualité de l'air s'améliorer et le bruit diminuer ; en revanche, son développement aura des conséquences négatives pour l'environnement naturel des populations situées à proximité des zones d'extraction des métaux rares, en République démocratique du Congo pour le cobalt, en Bolivie pour le lithium ou au Chili pour le cuivre. Pour les populations des pays occidentaux, ces impacts sont lointains et souvent méconnus.

De même, les citadins pourront voir d'un bon œil le développement des éoliennes comme énergie renouvelable, moins les habitants situés à proximité des parcs éoliens et incommodés par les nuisances engendrées.

Un autre type de transfert de pollution est *temporel*. La question de la fin de vie des centrales nucléaires ou des éoliennes semble bien lointaine à l'échelle d'une vie humaine. C'est pourtant un enjeu à anticiper si l'on veut éviter des impacts sociaux, économiques et environnementaux insupportables pour les générations futures.

Tenir compte de tous ces transferts de pollution implique de changer de référentiel d'évaluation, et donc de système de normes pour les rendre visibles. Il s'agit ainsi d'exiger des innovateurs qu'ils rendent des comptes sur les actions qu'ils envisagent pour y faire face et ainsi mieux les anticiper.

Des techniques d'évaluation normalisées, comme l'analyse du cycle de vie (ACV), existent. Elles ont l'avantage de considérer l'ensemble du cycle de vie d'une technologie, d'un produit ou d'une infrastructure, de sa conception à sa fin de vie en passant par sa production et son usage. C'est un outil quantifié et multicritère qui intègre une variété d'impacts. Mais ce n'est pas pour autant l'outil miracle car il ne prend pas en compte les impacts environnementaux non quantifiables, comme la biodiversité ou l'impact paysager.

Il faut donc compléter cet outil par d'autres évaluations, éventuellement plus qualitatives, qui évaluent de façon prospective les impacts paysagers et les impacts sur la biodiversité, mais aussi intégrer les impacts des systèmes d'innovation sur la consommation de ressources.

En changeant le référentiel d'évaluation environnemental des innovations, en adoptant un point de vue plus large et en cycle de vie, on peut alors porter un autre regard sur l'innovation. Comme nous l'avons vu, et compte tenu des enjeux économiques et industriels en jeu, un tel changement a peu de chances de se produire spontanément. Il ne peut résulter que de la pression de la société civile et de l'adoption de nouvelles obligations réglementaires.

Les effets sociaux de l'innovation

Les effets sociaux de l'innovation sont loin de bénéficier de la même visibilité que les impacts environnementaux. Si les restructurations industrielles et les fermetures d'usines dans un grand pays développé bénéficient d'une large couverture médiatique et de mobilisations sociales, ce n'est pas le cas des impacts sociaux se déroulant à des milliers de kilomètres de chez nous, dans l'anonymat et l'indifférence générale.

Toute l'attention est ainsi portée sur les effets de la « création destructrice ». Comme les acteurs publics et économiques anticipent le fait que la diffusion des innovations s'accompagne inévitablement de la disparition des activités, et parfois des savoirs, qu'elle remplace, des dispositifs d'accompagnement de la mutation, de réindustrialisation et de formation des salariés sont mis en place. Pour les défenseurs de l'innovation, c'est le prix à payer pour moderniser l'économie et rester compétitif. Le rôle de la puissance est alors d'amortir le choc de la transition en accompagnant les restructurations, la formation et la reconversion des employés aux nouvelles technologies.

Mais avec la mondialisation des chaînes de valeur, les impacts sociaux des innovations sont devenus en grande partie invisibles. Ce n'est plus chez nous que ces impacts se font sentir le plus mais à des milliers de kilomètres de là, dans des zones où les employés travaillent dans des conditions sociales déplorables, sans capacités de mobilisation sociale.

L'un des secteurs où ces effets sont les plus évidents est celui de la mode. Celle-ci consiste à renouveler sans cesse les produits mais également les matières, les procédés et les sources d'approvisionnement. Les tanneries, filatures de textile et usines de confection ont fermé depuis bien longtemps dans les pays développés et ont été délocalisées dans des pays lointains dans une course effrénée au moins-disant environnemental et social pour faire baisser les prix. Les capacités d'innovation (design, innovation matière et procédés, marketing) restent dans les pays développés, mais tous les effets indésirables ont été externalisés chez une myriade de sous-traitants dans les pays émergents.

Autre exemple : l'une des faces cachées de la révolution numérique, révélée par les travaux du sociologue Antonio Casilli, ce sont les millions de travailleurs du clic, dispersés aux quatre coins du monde, payés quelques centimes à la tâche pour le compte des géants de l'Internet[1].

Rendre visibles les impacts sociaux des innovations technologiques exige de dépasser l'examen des conditions de travail chez les donneurs d'ordre pour s'intéresser aux impacts dans l'ensemble de ces chaînes de valeur mondialisées où la recherche systématique du coût d'approvisionnement le plus bas est devenue la norme. Là aussi, mettre en œuvre cette exigence de traçabilité suppose des mobilisations sociales et une volonté politique qui doivent être accentuées pour peser sur les donneurs d'ordre.

L'autre aspect des innovations porte sur les modes de vie et la santé. Les promoteurs de l'innovation vantent les progrès engendrés par son adoption, moins sur les addictions, les dépendances, les contraintes qu'elle fait peser sur les usagers. C'est l'un des arguments du livre de Philippe Bihouix, *L'Âge des low tech*, que de mettre en évidence comment les usagers des produits high-tech sont devenus captifs des fabricants pour l'entretien, la réparation et le renouvellement des produits qu'ils possèdent[2].

1. Antonio Casilli, *En attendant les robots. Enquête sur le travail du clic*, Paris, Seuil, 2019.

2. Philippe Bihouix, *L'Âge des low tech. Vers une civilisation technique soutenable*, *op. cit.*

S'il existe des obligations en matière d'écoconception, de traçabilité et d'évaluation des impacts environnementaux et sanitaires au moment de la commercialisation des innovations, il est frappant de constater que de telles obligations dans le domaine social sont très limitées. Quand de telles obligations existent, comme la loi sur le devoir de vigilance en France, elles s'exercent à l'échelle de l'entreprise et non pas à celle des projets d'innovation que celle-ci met en œuvre[1]. La traçabilité des impacts sociaux et les engagements qui pourraient être pris devraient pourtant être exigés des innovateurs qui ne peuvent ignorer les conséquences que leurs innovations ont vis-à-vis de la société.

1. Luca d'Ambrosio et Pauline Barraud de Lagerie, « La responsabilité des entreprises reformulée par la loi : un regard pluridisciplinaire », *Droit et société*, vol. 106, n° 3, 2020, p. 623-631.

Chapitre 4

La face sombre des innovations financières et managériales

La financiarisation, auxiliaire discrète de la course à l'innovation

Dans l'économie néolibérale, la finance joue le rôle d'un intermédiaire neutre au service de l'économie. C'est la métaphore de l'huile nécessaire au fonctionnement des rouages. Ainsi, la finance, à travers le crédit, les actions et le capital-risque, permettrait d'allouer des ressources à des projets risqués et aux start-up de se développer.

Dans *Le Pouvoir de la destruction créatrice*, Philippe Aghion et ses coauteurs lui font jouer un rôle majeur dans l'accélération de l'innovation : « Le développement financier a joué un rôle de premier plan pour stimuler l'innovation et permettre le décollage industriel en Europe au XIXe siècle : banques de dépôt et de banques de développement, apparition du financement par actions et des marchés boursiers, création de sociétés à responsabilité limitée ; ces innovations financières ont dopé l'innovation réelle et la prise de risque, et ainsi rendu possible une croissance forte et soutenue comme le monde n'en avait jamais connu avant 1820[1]. » Ils soulignent que les marchés financiers

1. Philippe Aghion *et al.*, *Le Pouvoir de la destruction créatrice*, *op. cit.*, p. 56.

permettent de mobiliser des ressources et du capital pour financer les « idées audacieuses ». Ainsi, la croissance du PIB est allée de pair avec celle des dépôts bancaires et de la capitalisation boursière, expliquent-ils.

Mobilisant la référence littéraire d'*Illusions perdues*, le roman de Balzac, ils défendent l'idée que si David Séchard, inventeur de nouveaux procédés de production de papier, avait bénéficié d'une protection des droits de propriété intellectuelle et de financements adéquats, il aurait évité la dépendance auprès d'un créancier exclusif (les frères Cointet) qui l'a acculé à la ruine pour récupérer son invention. « Un David Séchard ressuscité à notre époque aurait donc pu faire breveter son invention, puis financer son exploitation auprès d'une banque ou d'un *venture capitalist*, un capital-risqueur. »

Dans le financement de l'innovation, le capital-risque, solution massivement développée aux États-Unis, notamment dans les clusters où prospèrent les start-up, est présenté comme une solution miracle. L'objectif de ce mécanisme est de permettre à un investisseur de participer au capital d'une start-up en vue de la céder ultérieurement et de réaliser une plus-value. Il est vertueux, expliquent les auteurs, car c'est un contrat de financement en plusieurs étapes où, au fur et à mesure de son développement, l'investisseur cède progressivement des droits de contrôle à l'entrepreneur. C'est donc un mécanisme particulièrement adapté au financement des jeunes entreprises car il serait incitatif : l'investisseur a intérêt à s'impliquer dans les choix de l'entreprise pour partager ses connaissances, ses savoir-faire et ses réseaux, en particulier quand il s'agit de *business angels*, c'est-à-dire de capital-risqueurs au profil d'entrepreneur qui investissent une partie de leur patrimoine personnel dans le développement de start-up ; les start-up ont intérêt à y recourir car, si elles réussissent, elles peuvent recouvrer les droits de contrôle des fruits de leurs innovations.

Pour les entreprises de plus grande taille, le financement par actions est le plus adapté car il permet de lever les capitaux nécessaires au financement de grands projets.

L'État peut également contribuer à financer les activités innovantes grâce aux incitations fiscales à la R&D comme les abattements fiscaux ou les crédits d'impôt et surtout par le financement des activités de recherche fondamentale qui constituent des biens publics susceptibles d'irriguer des projets d'innovation. Il peut également orienter les financements vers des innovations « vertes » en accordant des prêts bonifiés ou en soutenant le développement de la finance durable et de l'investissement à impact qui, se fondant sur des critères de sélection dits ESG (environnements, sociaux et environnementaux), cherchent à financer les innovations à impact positif (Tech For Good). Bref, dans ce monde idéal, la finance est un intermédiaire indispensable et neutre au bon développement de l'innovation.

La critique de la neutralité de la finance

C'est l'illusion de cette neutralité de la finance que dénonce l'économiste Laurence Scialom, dans un livre récent, *La Fascination de l'ogre ou comment desserrer l'étau de la finance*[1]. Elle explique que la première difficulté pour réguler la finance est d'ordre cognitif : la domination intellectuelle exercée par la doxa intellectuelle néolibérale. La théorie financière *mainstream* a fabriqué la fiction de marchés efficients, fondés sur des anticipations rationnelles, dans lesquels les crises financières résultent de chocs exogènes qui sont, par nature, imprévisibles. Dans cette perspective, les régulations publiques sont inutiles ou

1. Laurence Scialom, *La Fascination de l'ogre ou comment desserrer l'étau de la finance*, Paris, Fayard, 2019.

contre-productives car le secteur peut s'autoréguler. La régulation du secteur financier a été freinée tout aussi efficacement par cette doxa néolibérale alors que cette même doxa a parallèlement favorisé les actions de lobbying engagées par les grands acteurs financiers auprès des décideurs publics. Laurence Scialom décrit un processus de capture de la société par la finance où celle-ci impose ses normes, aussi bien aux entreprises qu'aux États, aux retraités et actifs qui placent leurs économies dans des fonds de pension avec l'espoir de rendements futurs élevés.

La réalité des marchés financiers n'a pas grand-chose à voir avec la vision idéalisée des marchés efficients. L'économiste Pierre-Noël Giraud, dans *Le Commerce des promesses*[1], explique que « ce dont la finance fait commerce n'est jamais que des "promesses", des droits sur la richesse future que rien ne peut garantir, car l'avenir est irréductiblement incertain ». Il souligne également le caractère tautologique du concept de marchés efficients car il ne peut exister de valeur fondamentale indépendante de la subjectivité des opérateurs financiers, de leurs modèles d'interprétation et de leurs projections sur l'avenir.

Dans une perspective voisine, Pierre-Yves Gomez, professeur de management, défend dans *L'Esprit malin du capitalisme*[2] la thèse de l'essor inexorable d'un capitalisme spéculatif fondé sur des promesses de rentes futures adossées à des projets d'innovation. Il fait de la promulgation de la loi ERISA (*Employee Retirement Income Security Act*), adoptée par l'administration de Gerald Ford le 2 septembre 1974, le point de départ d'un vaste mouvement mondial de financiarisation. Cette loi stipulait deux choses : que les caisses de retraite devenaient des organisations

1. Pierre-Noël Giraud, *Le Commerce des promesses. Petit traité sur la finance moderne*, Paris, Seuil, 2014.

2. Pierre-Yves Gomez, *L'Esprit malin du capitalisme*, Paris, Desclée de Brouwer, 2019.

financières autonomes et qu'elles devaient diversifier leurs placements. Pour les fonds de pension, la solution est alors de placer les cotisations perçues dans le capital d'entreprises cotées, conduisant à l'explosion des marchés boursiers. Dans les années 1980, la libéralisation des marchés financiers et le développement de la retraite par capitalisation partout dans le monde a accéléré le phénomène à l'échelle internationale. « Retraités et futurs retraités, explique Pierre-Yves Gomez, sont devenus des capitalistes microscopiques certes, mais innombrables puisque leurs retraites se sont mises à dépendre de la valeur du capital des sociétés cotées. » Plus récemment, le phénomène s'est ensuite étendu aux licornes, ces start-up de la nouvelle économie valorisées à un plus de 1 milliard de dollars, susceptibles d'atteindre des valorisations boursières hors normes à l'instar d'Amazon, de Google ou de Facebook. Parmi les possibilités offertes aux entreprises pour attirer à elles des capitaux, les innovations constituent ainsi un levier essentiel. Il s'agit, par ce biais, de fabriquer des promesses de croissance infinie et de rendements mirifiques.

L'auteur appelle *financiarisation* ce mouvement de concentration de la puissance économique dans quelques places financières et quelques entreprises géantes, et une spéculation généralisée qui empêche de fixer les acteurs dans des routines stables. Dans ce processus, la finance n'est plus au service de la production, ce sont les activités des entreprises qui sont tirées par les attentes de la finance.

La conséquence de la financiarisation, explique Alain-Charles Martinet, professeur de stratégie, est qu'« autrefois variables d'ajustement, le profit et sa distribution sont quasi garantis par certaines directions générales et certains conseils d'administration, l'ajustement se faisant alors obligatoirement par l'endettement, l'investissement industriel, la R&D, et que l'emploi et les rémunérations salariales sont souvent externalisés par le truchement de la sous-traitance et la pratique des emplois précaires ou non salariés[1] ».

L'envers du décor : les effets induits des innovations financières

Dans un livre récent, les sociologues Kean Birch et Fabian Muniesa soulignent comment la culture financière et les pratiques qui l'accompagnent ont transformé les référentiels politiques et les pratiques économiques[2]. Plus que la thèse classique de l'extension du champ de la marchandisation (aux données et au vivant par exemple), ils analysent la transformation contemporaine du système capitaliste comme un processus de « capitalisation » (*assetization*) où des « choses » (données, objets, gènes, etc.) sont transformées en actifs financiers, de façon à les thésauriser pour en tirer des rentes futures plutôt qu'un profit immédiat. La finance aurait ainsi transformé notre rapport au monde en contribuant à exiger toujours davantage d'innovations susceptibles d'alimenter ce processus de capitalisation financière. Ce n'est pas la finance qui est au service de l'innovation, mais les innovations qui servent au développement de la sphère financière !

Dans cette perspective, les entreprises sont désormais évaluées, non pas en fonction de leur chiffre d'affaires ou de leur rentabilité à court terme, mais de la valeur espérée d'un portefeuille d'innovations. C'est donc l'anticipation de rentes futures associées à ce portefeuille qui détermine la valeur boursière d'un titre.

1. Alain-Charles Martinet, *Homo strategicus. Capitalisme liquide, destruction créatrice et mondes habitables*, Paris, EMS Éditions, 2022, p. 48-49.
2. Kean Birch et Fabian Muniesa (dir.), *Assetization: Turning Things into Assets in Technoscientific Capitalism*, Cambridge, MA, The MIT Press, 2020.

Ainsi, le 3 janvier 2022, après l'annonce de livraisons de véhicules électriques supérieures aux prévisions du marché, la valeur de l'action Tesla a bondi de près de 10 %, la capitalisation boursière de l'entreprise atteignant le chiffre impressionnant de 1 167 milliards de dollars, plus de 13 fois celle de General Motors pour un chiffre d'affaires deux fois moindre. Cette valorisation se justifie par la croyance des acteurs financiers que Tesla, champion de la mobilité électrique, a un potentiel d'innovation qui lui permettra de devenir à terme le leader mondial du secteur.

Ces promesses sont fondées sur des croyances subjectives. Dans ses différents ouvrages, Michel Aglietta a mis en évidence ce phénomène de bulle spéculative alimentée par des mécanismes de mimétisme. Chaque investisseur se cale sur les anticipations du marché, jusqu'au jour où, à la suite d'un événement imprévu, la bulle éclate…

C'est, expliquent Michel Aglietta et Antoine Rebérioux[1], la situation qui a prévalu au début des années 2000 avec l'éclatement de la bulle Internet aux États-Unis à l'origine de l'une des pires crises boursières du siècle. Le point de départ est la création d'une bulle spéculative autour des entreprises, et particulièrement des start-up, de la « nouvelle économie ». La croyance partagée était celle d'un développement exponentiel de leurs activités et de l'existence d'économies de réseaux. Ces économies de réseaux désignent une situation où l'utilité d'une plateforme ou d'une infrastructure, et des services associés, croît avec le nombre d'usagers. Ainsi, l'utilité pour un acheteur de livres d'Amazon s'accroît avec le nombre de vendeurs de livres ; réciproquement, celle d'un vendeur augmente avec le nombre d'acheteurs potentiels.

1. Michel Aglietta et Antoine Rebérioux, *Dérives du capitalisme financier*, Paris, Albin Michel, 2004.

À la fin des années 1990, cette nouvelle économie a attiré massivement les investisseurs financiers qui ont financé tout et n'importe quoi, conduisant à un surinvestissement en total décalage avec les besoins réels du marché. Le retournement des anticipations a suscité une panique générale des marchés, des ventes massives d'actions et l'effondrement des Bourses mondiales. Dans cet exemple, la finance a artificiellement stimulé les innovations numériques qui n'étaient pas encore mûres.

Les risques de bulles spéculatives n'ont fait que s'accroître avec le développement hypertrophié de la sphère financière par rapport à la sphère réelle. D'après François Morin, se fondant sur une étude de la Banque des règlements internationaux (BRI), le volume des flux financiers mondiaux représentait 58 fois le montant des transactions physiques en 2007 contre 15 fois en 1990[1] ! Cette surabondance de flux financiers en attente de rendements mirifiques suscite la recherche permanente de nouvelles sources d'innovations miraculeuses.

Ainsi, contrairement à la situation de David Séchard racontée par Balzac, ce ne sont pas les financements qui manquent mais bien les occasions d'investir et d'innover dans des projets sérieux.

Les innovations financières, sources de volatilité accrue des marchés financiers

Si l'on suit l'analyse de Philippe Aghion et de ses coauteurs, le XIXe siècle a été un moment d'innovations financières. Mais le rythme de ces innovations s'est brutalement accéléré depuis les années 1980, c'est-à-dire depuis la dérégulation des marchés

1. François Morin, « Produits dérivés et dérives des dettes souveraines », *Le Débat*, vol. 166, n° 4, octobre 2011, p. 116-128.

de capitaux. Toute l'ingéniosité des ingénieurs et experts de la finance a été mise en œuvre pour développer des produits financiers toujours plus complexes : produits dérivés, couvertures de défaillance (*credit default swap*), transactions à haute fréquence, etc. Ces innovations ont contribué à l'explosion des transactions financières et à la multiplication des nouveaux produits financiers offerts à leurs clients par les banques et gestionnaires d'actifs.

Ces innovations financières se fondent depuis plus de trente ans sur des modèles mathématiques de plus en plus sophistiqués et tirent parti du développement du big data, c'est-à-dire de la capacité à traiter des données en grand nombre, explique Nicolas Bouleau, spécialiste des mathématiques financières, et auteur du livre *Le Mensonge de la finance. Les mathématiques, le signal prix et la planète*[1].

Ces modèles mathématiques, explique-t-il, se fondent sur la « théorie de l'arbitrage » qui veut que nul ne puisse faire de profits sans risque. Autrement dit, dans un marché parfait, il ne devrait pas être possible pour un acheteur d'acquérir un actif financier et de le revendre immédiatement en faisant un profit. Dans cette théorie, le prix d'un produit financier a deux composantes : la « martingale », qui est la partie liée au hasard, c'est-à-dire à des variations erratiques des marchés, et la « tendance » qui se fonde sur la mesure d'une évolution plus régulière. La théorie prédit que le « juste prix » doit dépendre principalement de la « martingale ». Cependant, il y a toujours de petites imperfections de marché qui apparaissent avec l'introduction d'innovations financières. Le but des innovations financières vise précisément à repérer ces imperfections grâce au traitement de

1. Nicolas Bouleau, *Le Mensonge de la finance : les mathématiques, le signal prix et la planète*, Paris, Éditions de l'Atelier, 2018.

données massives et d'en tirer parti pour générer un profit. Dès que les concurrents découvrent le modèle sous-jacent, ils l'imitent et l'opportunité de profits sans risque disparaît. Il s'agit alors de découvrir de nouvelles imperfections et de mettre au point de nouveaux modèles, et ainsi de suite… Autrement dit, les modèles sont conçus de façon à tirer parti des variations erratiques des marchés. La généralisation de l'utilisation de ces modèles dans les ordres d'achat et de vente en temps réel sur les marchés financiers a eu pour conséquence d'accroître leur volatilité, explique Bouleau. Autrement dit, plus il y a d'innovations financières, plus les marchés financiers évoluent de façon aléatoire et imprévisible.

Ces évolutions affectent non seulement l'économie réelle mais également les capacités d'innovation. Ainsi, on aurait pu s'attendre, en bonne logique économique, à ce que certaines ressources naturelles se raréfiant, leur prix augmente, conduisant naturellement au développement d'innovations technologiques visant à s'en passer. Il n'en est rien, explique Bouleau, car les matières premières, s'échangeant sur des marchés financiers, sont devenues des actifs financiers soumis à la spéculation.

La volatilité a trois effets pervers : elle empêche la formation d'un signal-prix stable de long terme ; elle empêche de voir la rareté des matières premières puisque leur prix instantané ne reflète pas celle-ci mais d'abord l'ampleur de la spéculation à la hausse ou à la baisse ; enfin, elle décourage les innovations intensives en besoin de capital car celles-ci ont besoin de prévisibilité pour engager des investissements à long terme.

La complexité et la fréquence de ces innovations financières sont devenues telles qu'elles échappent au contrôle des régulateurs qui n'ont pas les moyens et les capacités d'expertise des banques et des acteurs financiers. Ceux-ci cherchent à colmater, tant bien que mal, les brèches du système à chaque crise financière. Celle dite des *subprimes* en 2008 n'a pas découragé ces innovations qui continuent de prospérer en attendant la prochaine crise systémique…

Les mirages de la finance verte

Depuis la crise financière de 2008, qui a sérieusement écorné son image, le secteur financier cherche à redorer son blason. Dans cette optique, un nouveau domaine d'innovation s'est développé : la finance dite « verte ». Il s'agit d'actions et d'opérations financières qui favorisent la transition écologique et la lutte contre le réchauffement climatique. Depuis vingt ans, les initiatives se sont multipliées : l'investissement à impact, l'investissement socialement responsable (ISR), les obligations vertes, etc. La Commission européenne participe au mouvement avec la « taxonomie verte » qui propose une classification des activités économiques ayant un impact favorable sur l'environnement à partir de laquelle peuvent se servir les acteurs financiers pour distinguer les actifs « verts », vertueux, des actifs « bruns » (par exemple les actifs carbonés) qui contribuent au contraire à l'aggravation de la crise environnementale.

La COP 21 organisée à Paris en 2015, à laquelle les institutions financières étaient représentées en tant que parties prenantes de la négociation, a été un moment où des engagements concrets auraient pu être pris. Mais, à l'évidence, ils sont restés assez flous. Un objectif de 100 milliards de dollars de transfert Nord/Sud par an d'ici à 2020 a été annoncé mais il ne figure pas formellement dans l'Accord de Paris et les moyens et méthodes de mesure de ces transferts n'ont jamais été précisés de sorte que l'on ne sait pas à quel montant ils se sont finalement élevés. L'article 2 de l'Accord de Paris mentionne également l'alignement de tous les flux financiers afin d'envoyer un signal fort en faveur de la redirection de l'épargne mondiale vers les investissements de la transition bas carbone. Après la COP 21, le Financial Stability Board (FSB), réunissant les Banques centrales et les ministres des Finances du G20, s'est engagé à étudier les méthodes d'évaluation du risque climatique inclus dans les titres financiers et à en proposer des utilisations sur une base volontaire par les acteurs financiers. À cet effet, un groupe de travail sur les informations financières à fournir concernant le climat (le TCFD) a été créé en 2017 pour édicter des recommandations afin d'inciter les entreprises à mieux informer les investisseurs sur les risques liés au climat dans leur domaine d'activité.

Ces initiatives laissent à penser que le secteur financier a pleinement pris conscience des enjeux de la transition écologique et cherche à orienter les investissements vers le financement de projets « verts ».

Au-delà des effets d'annonce, quels sont les effets du développement de cette finance « verte » ? Les projets « verts » bénéficient-ils de conditions préférentielles, d'une « prime » dans le langage financier ? Cette finance « verte » a-t-elle un effet de stimulation sur les innovations vertes et décourage-t-elle les projets non écologiques ?

Dans un livre récent, *L'Illusion de la finance verte*[1], Julien Lefournier, ancien banquier, et Alain Grandjean, associé chez Carbone 4, dressent un réquisitoire sans concession assimilant la finance « verte » à une forme de *greenwashing* sans impact véritable sur l'économie réelle.

Leur critique part d'un paradoxe : les projets « verts », dès lors qu'ils cherchent à réduire des pollutions (externalités négatives), supportent des coûts supplémentaires par rapport à des projets « bruns », tant que ces innovations n'ont pas encore généré des économies d'échelle suffisantes pour concurrencer ces derniers.

1. Alain Grandjean et Julien Lefournier, *L'Illusion de la finance verte*, Paris, Éditions de l'Atelier, 2021.

Logiquement, on pourrait s'attendre à ce que les investisseurs « verts » acceptent des rendements financiers moindres pour promouvoir ces projets dont les risques sont objectivement plus élevés. Les acheteurs de produits bio ou issus du commerce équitable n'acceptent-ils pas de payer davantage en échange d'une performance environnementale et sociale accrue ? Pourtant, en pratique, ce n'est pas ce qui se passe. Les banques et autres investisseurs promettent à leurs clients à la fois la vertu (une réduction des impacts environnementaux) et des rendements financiers équivalents aux produits financiers classiques. Comment cette promesse est-elle possible ?

Une première explication tient à la logique même des marchés financiers : ces derniers, expliquent les auteurs, ne fonctionnent pas comme les marchés de biens et services. Les premiers sont soumis à la loi d'airain du risque-rendement incarnée, aux États-Unis, par le « devoir fiduciaire ». Cette règle stipule que les gestionnaires d'actifs doivent gérer l'argent des épargnants au mieux des intérêts financiers de ces derniers sous peine de s'exposer à des poursuites juridiques. Ainsi, ceux-ci ne peuvent pas délibérément sélectionner des actifs moins rentables pour leurs clients au prétexte qu'ils contribueraient à protéger l'environnement. Comment, dès lors, contourner cette contrainte et mettre en avant des produits financiers « verts » attractifs financièrement pour les clients ?

Deux possibilités sont avancées par les auteurs : soit la rentabilité est assurée artificiellement par des subventions publiques – auquel cas, ce n'est pas la finance « verte » qui paie les surcoûts des projets « verts » mais le contribuable –, soit, ce qui revient au même, les investisseurs font un pari en estimant que la nouvelle technologie présente un potentiel et qu'elle bénéficiera, tôt ou tard, de subventions publiques importantes dès que ce potentiel sera reconnu. Dans un cas comme dans l'autre, l'investisseur rationnel n'est pas là pour couvrir les risques de l'investissement « vert » s'il n'y a pas d'espérance de rendement à la clé.

Les auteurs se penchent ensuite sur une innovation financière qui a actuellement le vent en poupe : les obligations « vertes ». En 2018, expliquent Evar Ekeland, mathématicien et économiste, et Julien Lefournier[1], celles-ci représentaient 2 % des 6 000 milliards de dollars d'obligations émises sur le marché. Une obligation est un titre de dette, une créance émise par un émetteur auprès d'un groupe d'investisseurs, souvent institutionnels.

Une obligation verte est, selon l'International Capital Market Association, « une obligation dont le produit de son émission est utilisé exclusivement pour financer ou refinancer, partiellement ou en totalité, des projets verts nouveaux et/ou en cours et qui respectent les quatre principes des *Green Bond Principles* ».

Les auteurs soulignent que ces principes sont des lignes directrices édictées par cette même association. Dans ce cadre, une obligation verte n'est rien d'autre qu'une émission verte associée à une « promesse verte » qui n'est qu'une déclaration d'intention sans valeur juridique. Ils ajoutent que, comme il n'existe qu'un seul marché obligataire, ces obligations « vertes » sont soumises aux mêmes règles que les classiques. Une obligation « verte » peut être associée à un projet. Une même entreprise, un groupe pétrolier par exemple, peut ainsi lever simultanément des obligations « vertes » pour des projets liés à des énergies alternatives, et des obligations classiques pour des projets d'hydrocarbures. Émanant de la même entreprise, ces deux obligations doivent offrir exactement les mêmes conditions car le couple risque/

1. Ivar Ekeland et Julien Lefournier, « L'obligation verte : homéopathie ou incantation », texte non publié, disponible sur Xerfi Canal : https://www.youtube.com/watch?v=MehbByc5y3Y (consulté le 6 novembre 2022).

rendement est attaché non pas à un projet, mais à l'entreprise qui l'émet. Autrement dit, il ne sera pas possible de proposer à l'épargnant un rendement obligataire moindre sous prétexte que le projet est vert. L'investisseur ne bénéficiera donc d'aucune condition avantageuse pour financer son projet.

Quel est alors l'intérêt de cette labellisation ? Il renvoie à des enjeux de réputation et de marketing : il sert d'argument aux gestionnaires d'actifs et aux banques pour justifier auprès de leurs clients qu'ils financent des projets « verts » (qui auraient été financés de la même façon sans ce label) ; il permet aux entreprises d'afficher qu'elles ont contracté des dettes « vertes » pour financer des projets « verts » – ainsi TotalEnergies a récemment annoncé que l'intégralité de sa dette était constituée d'actifs « verts » alors qu'elle consacre encore 80 % de ses investissements, essentiellement autofinancés, à des projets d'hydrocarbures. Une fois émises, les obligations « vertes » circulent sur un marché secondaire et sont intégrées dans des fonds « verts » et proposées à leurs clients.

On comprend mieux, dans ces conditions, pourquoi la finance verte est actuellement davantage une illusion et un discours rhétorique qu'une pratique susceptible de transformer l'économie réelle. Elle a d'abord pour objectif de légitimer le secteur financier et les entreprises polluantes en créant un signal qu'ils sont parties prenantes de la transition écologique. Or, soulignent Lefournier et Grandjean, tant que les projets carbonés ou polluants offriront des perspectives de rendement, ils trouveront des financeurs. Le changement, expliquent-ils, ne peut venir que de réglementations plus strictes ou d'un changement de comportement des clients dont nous sommes encore bien loin. Des mesures plus coercitives seraient nécessaires, mais elles se heurtent à l'absence d'une coopération mondiale des États face à un secteur mondialisé où les flux financiers circulent librement.

La face sombre de certaines innovations managériales

Autre exemple présentant une face sombre : les innovations managériales. Nous avons évoqué celles-ci dans la première partie en indiquant qu'elles avaient accompagné les vagues de rationalisation qui se sont succédé dans les entreprises depuis le début du XXᵉ siècle.

Les critiques du taylorisme ont marqué l'histoire des sciences sociales. Georges Friedmann, le père de la sociologie du travail, analyse en 1946, à partir d'une enquête fouillée, comment le taylorisme conduit à la déqualification du travail[1]. En 1951, c'est la philosophe Simone Weil qui, dans *La Condition ouvrière*, revient sur l'expérience qu'elle a vécue dans sa chair en 1934, en travaillant comme manœuvre chez Alsthom (nom changé en Alstom depuis 1998) puis chez Renault. Elle décrit les mécanismes d'aliénation des ouvriers qui sont réduits dans les entreprises taylorisées au rôle d'outil. Mais son analyse va plus loin qu'une simple dénonciation. Elle s'interroge sur le sens du travail et les conditions de sa libération.

Comme le rappellent Yves Clot et ses coauteurs, dans *Le Prix du travail bien fait*, « Simone Weil se posait déjà à l'époque la question de savoir si on peut arriver à faire en sorte que ceux qui travaillent comptent et aient conscience de compter pour quelque chose » ; question qui reste d'actualité, soulignent-ils[2].

Au cours des cinquante dernières années, les innovations managériales ont été nombreuses pour détayloriser et débureaucratiser

1. Georges Friedmann, *Problèmes humains du machinisme industriel*, Paris, Gallimard, 1946.

2. Yves Clot (avec Jean-Yves Bonnefond, Antoine Bonnemain, Mylène Zittoun), *Le Prix du travail bien fait. La coopération conflictuelle dans les organisations*, Paris, La Découverte, « Sciences humaines », 2021, p. 196.

les organisations. L'une des premières expériences les plus célèbres est le modèle dit « suédois », lancé dans les années 1970 par différentes entreprises du pays. Fondé sur un modèle de management participatif, caractérisé par l'enrichissement des tâches et l'autonomie de la prise de décision des équipes de travail, il visait à remplacer le modèle taylorien et fordien alors dominant dans l'industrie de masse. L'usine Volvo à Udevalla, construite en 1985, est alors l'emblème de cette innovation managériale. Le modèle s'est cependant révélé fragile dans la durée. Le turnover et l'absentéisme des salariés, difficiles à recruter et à former, combinés à un marché du travail plus porteur, ont conduit à l'abandon progressif du modèle et à la fermeture de l'usine en 1993[1].

Le modèle japonais ou Toyota Production System, évoqué dans la première partie et réputé plus performant, s'est alors imposé dans les années 1980 à travers les démarches de qualité totale, les cercles de qualité, de progrès continu et de juste-à-temps, c'est-à-dire des formes plus flexibles et réactives d'organisations fondées sur la participation des opérateurs. Ce modèle japonais est souvent assimilé au *lean management* (« management au plus juste »), ensemble de méthodes promues par les consultants anglo-saxons. Il faut dire que ces derniers ont entretenu la confusion en se revendiquant des méthodes japonaises alors que leur philosophie et leur pratique diffèrent profondément, comme le souligne justement Philippe Lorino, professeur de management, dans un livre récent, *Pragmatisme et étude des organisations*[2]. Là ou les méthodes japonaises, inspirées par la philosophie pragmatiste,

1. Stefano Micelli, « Nummi versus Uddevalla : apprentissage et mémoire dans la production industrielle », *Sociologie du travail*, vol. 37, n° 3, 1995, p. 345-363.

2. Philippe Lorino, *Pragmatisme et étude des organisations*, Paris, Economica, 2020.

mettaient l'accent sur un principe de frugalité (faire mieux avec moins) et d'amélioration continue comme processsus d'enquête collective associant les opérateurs, le *lean management* promeut une recherche d'efficacité fondée sur la chasse aux gaspillages et la mise en place d'indicateurs de performance pour améliorer la réactivité aux problèmes identifiés. Ces exemples soulignent que l'innovation managériale n'est jamais autoportante. Elle n'a de sens que si elle prend place dans une transformation complète de l'organisation, des systèmes d'évaluation de la performance en particulier. Or beaucoup d'organisations modernes vivent sous le règne des injonctions contradictoires : d'un côté, on encourage l'autonomie et la responsabilité ; de l'autre, on renforce les exigences de performance et de reporting, c'est-à-dire de nouvelles formes de bureaucratie.

Les méthodes issues de la vague de rationalisation taylorienne fondée sur des rapports de prescription forts, avec une séparation nette entre conception et exécution, ont laissé la place ces dernières décennies à toute une série de nouvelles techniques de gestion (gestion par projets, autocontrôle, autoévaluation, systèmes de management, etc.) fondées sur une logique de contrainte souple[1]. La logique gestionnaire sous-jacente correspond en tout point aux analyses de Michel Foucault sur la gouvernementalité : il s'agit de normes de responsabilisation, peu prescriptives et ouvertes, où il est attendu – à partir d'un métalangage et de métarègles minimales, comme l'amélioration continue – que chaque acteur se fixe lui-même ses propres objectifs et son propre cadre d'évaluation. Chaque organisation, chaque individu est invité à agir comme un entrepreneur de soi et à adopter un comportement « responsable ». Chaque acteur est en principe

1. David Courpasson, *L'Action contrainte. Organisations libérales et domination*, Paris, PUF, « Sciences sociales et sociétés », 2000.

libre de s'engager, de transposer à sa guise ces normes et de fixer son rythme d'amélioration. Mais, une fois le processus lancé, il est difficilement réversible. Par exemple, des acteurs qui ont adopté des normes de management ayant un caractère certifiable sont ensuite soumis à des injonctions permanentes de reddition de comptes et de transparence, et de ce fait, exposés aux jugements et aux évaluations externes.

Quels effets sur les conditions de travail ?

Sur le papier, les différentes innovations managériales introduites dans les entreprises publiques et privées depuis les années 1980 empruntent au vocabulaire de la responsabilisation, de l'autonomie et du participatif. Mais qu'en est-il de leurs effets concrets ? Quels ont été leurs effets sur le travail, la transformation des métiers et la santé au travail ? Sous couvert de libérer les individus et de leur donner davantage d'autonomie et de responsabilité, ont-elles réalisé le rêve de Simone Weil ou bien ont-elles engendré, à leur tour, de nouvelles dérives ?

La difficulté concrète que pose l'analyse des effets des innovations managériales sur la réalité du travail est qu'elle exige une observation empirique des processus à l'œuvre sous forme d'enquête approfondie, de recherche-intervention ou d'observation participante.

Dès les années 1980 et 1990, toute une série de travaux mettent en évidence les impacts de nouveaux modes de gestion innovants, censés favoriser la participation des salariés, la flexibilité et l'autonomie, sur le stress professionnel et la santé au travail[1].

1. Voir Jean-François Chanlat, « Nouveaux modes de gestion, stress professionnel et santé au travail », *in* Ingrid Brunstein, *L'Homme à l'échine pliée.*

Le flux permanent de ces innovations produit à la fois engagement et lassitude, remise en ordre et déviance, souligne le sociologue Norbert Alter, dans *L'Innovation ordinaire*[1]. À travers différentes enquêtes, il a cherché à comprendre comment l'innovation bouleverse les cadres sociaux et conduit les acteurs des organisations à se mettre en retrait ou bien à agir, ce qui leur permet de « tenir » dans des transformations aux effets potentiellement contradictoires.

Ces premiers résultats ont été confirmés dans des travaux empiriques plus récents qui soulignent les effets ambivalents, et souvent délétères, de certaines innovations managériales sur le travail. L'un des symptômes de la dégradation des conditions de travail, nous dit l'ANSES (Agence nationale de sécurité sanitaire de l'alimentation, de l'environnement et du travail), est la montée des risques psychosociaux qui constituent, depuis 2007, la première source de consultation pour pathologie professionnelle en France. D'autres symptômes sont la montée du sentiment de stress et, plus généralement, d'une dégradation ressentie de la santé au travail.

Comment expliquer cette dégradation des conditions de travail alors que les innovations managériales mises en œuvre étaient censées les améliorer ? Une première explication a été recherchée du côté de l'intensification ressentie du travail qui se manifeste par des exigences de performance, d'innovation, de flexibilité et de réactivité croissantes, qui pèsent sur les salariés. Cette intensification du travail est d'abord cognitive et subjective, plus que physique, nous indique Yves Clot, psychologue du travail[2].

Réflexions sur le stress professionnel, Paris, Desclée de Brouwer, « Sociologie clinique », 1999, p. 29-61.

1. Norbert Alter, *L'Innovation ordinaire*, Paris, PUF, « Sociologies », 2000.

2. Yves Clot, *Travail et pouvoir d'agir*, Paris, PUF, « Le travail humain », 2008.

Dans ces nouvelles organisations, les individus sont amenés à prendre en charge des tâches variées supposant la maîtrise de différentes compétences ; on leur demande également d'adopter une posture réflexive et intelligente au travail ; ils sont censés arbitrer entre différentes injonctions contradictoires ; enfin, dans les métiers exposés au public, l'agent se retrouve souvent seul, et sans médiation, face au client.

Il faut cependant se méfier d'un lien univoque entre l'intensification du travail et la dégradation des conditions de travail, nous dit Mathieu Detchessahar, professeur de management, qui a mené, avec ses collègues, plusieurs enquêtes approfondies dans des organisations publiques et privées[1]. « La charge du travail ou le degré d'exigence du travail n'est pas nécessairement problématique si l'environnement sociopsychologique du salarié lui permet de faire face à cette charge, de lui donner du sens et *in fine* de se l'approprier[2]. »

Or, observe-t-il, « dans les organisations où les conditions de travail sont les plus dégradées, il apparaît qu'au moment même où les salariés affrontent des contraintes accrues dans leur travail, consécutives notamment à une multiplication des objectifs de performance (maîtrise des coûts, accroissement de la qualité et de la réactivité, objectifs d'innovation permanente, etc.), le management déserte la scène du travail ».

Si le management est absent, explique-t-il, c'est qu'il est pris par d'autres tâches, notamment administratives et de reporting, sans compter la « réunionite », cette pathologie consistant à multiplier les réunions d'information et les projets auxquels les managers intermédiaires doivent participer. Les managers sont ainsi absorbés, nous dit Detchessahar, par une tâche centrale :

1. Mathieu Detchessahar, « Santé au travail », *Revue française de gestion*, n° 214, 2011/5, p. 89-105.

2. *Ibid.*, p. 92.

alimenter les « machines de gestion[1] », c'est-à-dire les tableaux de bord, indicateurs et outils qui servent à gérer à distance les subordonnés. La situation ne concerne pas seulement les grandes entreprises privées mais également les organisations publiques qui ont adopté les mêmes méthodes et sont soumises aux mêmes injonctions de performance.

Ainsi, analyse Detchessahar, ce dont se plaignent les salariés dans les organisations qui dysfonctionnent, ce n'est pas de l'omniprésence des managers mais plutôt de leur absence. À l'inverse, dans celles qui se portent bien, il observe une densité et une qualité du dialogue et de la discussion entre managers et subordonnés. Pour remédier aux dérives des entreprises dysfonctionnelles, il plaide, s'appuyant sur les travaux pionniers de Jean-François Chanlat, professeur en sciences des organisations, sur l'individu au travail comme être de parole[2], pour la mise en place d'une « ingénierie de la discussion » qui remplacerait les machines de gestion et permettrait de retisser un lien social dans les organisations et donner un sens à l'action collective. Cette analyse souligne que les innovations managériales n'ont pas d'efficacité en soi mais dépendent de la façon dont elles s'inscrivent dans un fonctionnement organisationnel et dans un système de relations d'interdépendance.

Ces analyses rejoignent celles de Christophe Dejours, spécialiste de psychodynamique du travail, qui souligne que pour restaurer une convivialité au travail, il est essentiel de rétablir des espaces de discussion entre les travailleurs et les managers[3].

1. Jacques Girin, « Les machines de gestion », *in* Michel Berry (dir.), *Le Rôle des outils de gestion dans l'évolution des systèmes sociaux complexes*, C.R.G.-École polytechnique, 1983, rapport pour le ministère de la Recherche et de la Technologie.

2. Jean-François Chanlat (dir.), *L'Individu dans l'organisation. Les dimensions oubliées*, Laval (Québec), Presses de l'Université Laval, Éditions Eska, 1990.

3. Christophe Dejours, *Le Choix. Souffrir au travail n'est pas une fatalité*, Paris, Bayard, 2015.

À cette fin, il s'agit de détourner les managers des activités de gestion et des systèmes de reporting qui accaparent leur attention pour qu'ils se tournent vers le travail vivant et organisent la coopération entre salariés. Dans cette perspective, le manager ne doit pas être la courroie de transmission de la direction mais l'obligé de ses collaborateurs. Il indique que les expérimentations qu'il a conduites dans les organisations avec ses équipes dans cette optique se sont avérées encourageantes.

La dernière innovation managériale en vogue est « l'entreprise libérée ». Selon Isaac Getz, l'un de ses promoteurs, il ne s'agit ni plus ni moins que de mettre en place « une forme organisationnelle au sein de laquelle les employés jouissent d'une liberté totale et ont la responsabilité d'entreprendre des actions, qu'ils, et non leur patron, considèrent être les meilleures[1] ».

Quelques entreprises, souvent de taille moyenne, ont mis en place, semble-t-il avec un certain succès, ces principes qui ne constituent pas une rupture avec le management participatif tel qu'il a été expérimenté dans le passé, en Suède par exemple ou dans les années 1950 aux États-Unis, notent Patrick Gilbert, Ann-Charlotte Teglborg et Nathalie Raulet-Croset, chercheurs en sciences de gestion[2]. Toutefois, à notre connaissance, aucune grande entreprise ne semble les avoir adoptés dans l'ensemble de ses activités. L'histoire nous enseigne également qu'il faut du temps avant de tirer le bilan de telles innovations car les effets indésirables éventuels se manifestent souvent des années

1. Isaac Getz, « Liberating Leadership: How the Initiative-Freeing Radical Organizational Form Has Been Successfully Adopted », *California Management Review*, vol. 51, n° 4, été 2009, p. 32-58, ici p. 34.

2. Patrick Gilbert, Anne-Charlotte Teglborg et Nathalie Raulet-Croset, « L'entreprise libérée, innovation radicale ou simple avatar du management participatif ? », in *Annales des Mines-Gérer et comprendre*, vol. 127, n° 1, 2017, p. 38-49.

après leur introduction. Comme le suggèrent Patrick Gilbert et ses coauteurs, seule l'épreuve du temps permettra de voir si le management participatif correspond à une innovation réelle.

La crise cachée des savoirs et leurs effets organisationnels

L'autre élément insidieux qui contribue à la dégradation des conditions de travail et de la santé au travail, ainsi qu'à des crises managériales, est la perte souvent invisible des compétences qui frappe notamment les métiers de conception. Une particularité des expertises d'ingénierie et de conception est en effet que les pertes de compétences ne sont visibles que lorsque des défaillances ou des accidents surviennent, c'est-à-dire le plus souvent à la fin du projet. C'est le phénomène qu'Armand Hatchuel et Benoît Weil ont qualifié de « crise cachée » des savoirs de conception[1].

Pendant toute une partie du projet, en effet, la conception est affaire de modèles, de simulations et de plans : rien ne garantit que le concept initial imaginé sera réalisable. L'épreuve de réalité n'intervient qu'à la fin du projet, lorsque le produit ou l'équipement est fabriqué et que sa qualité peut être testée. Plus encore, un projet de conception ne se déroule jamais conformément à un plan préétabli : plus le projet est complexe et innovant, plus les choix techniques sont risqués, plus le nombre de concepteurs à coordonner est important…, et plus des problèmes inattendus seront susceptibles de survenir chemin faisant.

C'est dans ce contexte que le rôle des experts est déterminant. Avant de concevoir, leur première responsabilité est d'évaluer la faisabilité d'un projet et de s'assurer que les objectifs du projet

1. Armand Hatchuel et Benoît Weil, *L'Expert et le Système*, *op. cit.*

sont réalistes compte tenu des compétences existantes. Malheureusement, la pression managériale est souvent telle que leur voix est inaudible ou qu'ils n'osent pas s'opposer, faute de compétences solides, aux ambitions de leurs dirigeants.

Leur seconde responsabilité est de conduire un projet de conception dans les meilleures conditions possibles. Cela consiste à anticiper les points durs et les signaux faibles qui peuvent menacer la pérennité du projet, et corriger chemin faisant les problèmes inattendus qui sont susceptibles de surgir. Mais là encore, la pression des résultats peut les conduire à masquer les problèmes en espérant qu'ils seront résolus ultérieurement. Ou pire encore, les alertes émises par les experts peuvent être délibérément ignorées par la hiérarchie parce qu'elles pourraient compromettre l'atteinte des objectifs de performance des projets.

Les exemples de telles dérives sont légion. Un cas très connu est celui de l'accident de la navette *Challenger* qui a explosé au moment de son lancement par la NASA le 28 janvier 1986. Malgré les alertes successives émises par des experts sur la solidité d'un joint qui obligeait à effectuer des tests supplémentaires et retarder le projet, le management, obsédé par le respect des délais, a préféré les ignorer, conduisant à l'accident fatal[1].

Un autre exemple est celui des multiples retards et dérives de coûts du chantier de l'EPR de Flamanville. Dans un rapport remis le 28 octobre 2019 au ministre de l'Économie Bruno Le Maire, Jean-Martin Folz, ancien PDG de PSA, qui avait été missionné après un énième report de la mise en route de la centrale nucléaire en raison de défauts de soudure identifiés dans les circuits secondaires, fait un réquisitoire sans concessions du projet. Il faut dire que ce rapport s'ajoutait à une longue

1. Diane Vaughan, *The Challenger Launch Decision: Risky Technology, Culture, and Deviance at NASA*, Chicago, University of Chicago Press, 1996.

liste d'incidents qui avaient plombé le projet depuis son origine. Résultat : le chantier a pris dix ans de retard (quinze ans au lieu des cinq initialement prévus) et son coût évalué est désormais près de quatre fois supérieur aux estimations initiales (12,4 milliards d'euros à ce jour contre 3,3 prévus au départ). Jean-Martin Folz pointe une série de défaillances : des objectifs initiaux irréalistes, une gouvernance inappropriée et, surtout, une « perte de compétences généralisée » des acteurs de la filière électronucléaire. Faut-il s'étonner de ces conclusions ? Comment les expliquer ?

Une thèse en sciences de gestion menée entre 2009 et 2014 par Frédéric Garcias dans l'ingénierie nucléaire d'EDF[1] permet d'apporter des éléments de compréhension à cette crise sans précédent dans le domaine nucléaire en France. Le problème du nucléaire, explique-t-il, est que la France a cessé pendant vingt ans de concevoir de nouvelles centrales. La plupart des ingénieurs qui ont conçu les centrales dans les années 1970 et 1980 sont partis en retraite et ont été remplacés par des ingénieurs jeunes et inexpérimentés. À cela se sont ajoutés les choix techniques innovants associés à l'EPR ainsi que le renforcement des exigences de sûreté des installations qui complexifient la conception et renchérissent leur coût. Il décrit les craintes des experts d'EDF quant à la faisabilité du projet. Une enquête interne menée à l'époque soulignait que, dans leur grande majorité, les experts jugeaient les objectifs irréalistes, mais qu'ils n'avaient pas pu ou pas su convaincre les dirigeants de les revoir à la baisse. Il analyse ensuite les mécanismes de perte de compétences qui ont eu lieu et les difficultés de les reconstituer car il faut entre cinq et dix ans pour former un expert autonome et compétent. L'auteur

1. Frédéric Garcias, « Apprentissage, désapprentissage et réapprentissage organisationnels. Le cas d'une activité d'ingénierie de grands projets complexes », thèse de doctorat de l'École nationale supérieure des mines de Paris, 2014.

parle d'un « mur d'apprentissage » pour décrire l'écart entre les capacités d'expertise initiales et celles visées pour atteindre les objectifs attendus.

L'escalade des engagements : une pathologie organisationnelle

Ces deux exemples illustrent le phénomène bien connu des spécialistes de management d'« escalade des engagements[1] » dans la gestion des projets d'innovation où, face à la pression des dirigeants, les managers de projet acceptent de prendre des engagements toujours plus ambitieux alors qu'ils savent que ces derniers vont mettre l'organisation et ses individus sous tension. Les exemples évoqués plus haut illustrent ce phénomène. Dans le cas du dieselgate, les ingénieurs de Volkswagen, mis sous la pression des dirigeants, ont préféré introduire un logiciel truqueur visant à contourner les normes réglementaires, plutôt que de retarder la sortie du projet[2]. La pression exercée sur les participants des projets a été telle que ceux-ci ont considéré les normes managériales comme supérieures à d'autres normes éthiques ou légales.

Tel Janus, la gestion par projets présente ainsi deux facettes bien différentes : d'un côté, l'image d'Épinal de l'aventure entrepreneuriale conduite par un leader charismatique que nous avons présentée dans la première partie ; de l'autre, une face plus obscure faite de contrats, de règles, d'indicateurs et de

1. Joel Brockner, « The Escalation of Commitment to a Failing Course of Action: Toward Theoretical Progress », *Academy of Management Review*, vol. 17, n° 1, janvier 1992, p. 39-61.

2. Franck Aggeri et Jean-Michel Saussois, « La puissance des grandes entreprises mondialisées à l'épreuve du judiciaire. De l'affaire Volkswagen au dieselgate », art. cité.

jalons formels auxquels doivent se conformer les participants sous peine de sanctions. Sous couvert de cohésion et d'action collective, le projet peut s'avérer une redoutable machine à fabriquer une escalade des engagements où l'on demande toujours plus aux équipes en charge des projets : des délais plus courts, des innovations de produits pour créer de la « valeur client » au coût le plus bas. Quand les acteurs ne maîtrisent pas certaines compétences, ils peuvent être amenés à céder à la pression de leur hiérarchie en acceptant des objectifs irréalistes qui débouchent sur un échec. Dans ce cas, la logique d'apprentissage et de cohésion vantée par l'entreprise dans les projets réussis est alors abandonnée au profit d'une logique impitoyable de recherche de boucs émissaires qui alimente la perte de sens au travail et les syndromes évoqués plus haut de risques psychosociaux.

Amélioration continue et autoévaluation : comment les systèmes de management fonctionnent en pratique

Parmi les méthodes de management les plus diffusées dans les organisations figurent les systèmes de management (normes ISO 9000, 14000 et 26000). Ces systèmes sont fondés sur un principe d'amélioration continue, également appelé PDCA (*Plan Do Check Act*) dans la novlangue managériale.

Ces systèmes de management, présentés à leur époque comme des innovations majeures, ont connu un succès considérable. Après le management de la qualité (normes ISO 9000) dans les années 1980, ils ont été étendus au management de l'environnement (normes ISO 14000) dans les années 1990, puis au management de la responsabilité sociétale des organisations (ISO 26000) dans les années 2010. Les deux premières sont certifiables, c'est-à-dire que des organismes tiers vérifient l'existence d'un système de management effectif, la troisième, non. Elles font désormais partie de l'outillage gestionnaire que déploient les grands donneurs d'ordre dans les chaînes globales de valeur, a minima à l'égard de leurs sous-traitants de premier rang. Être certifié est la condition pour faire partie du panel des fournisseurs. Du point de vue du fournisseur, l'adoption de ces normes relève d'une forme de « volontariat contraint ». Ces normes sont également fondées sur un principe d'autoévaluation s'inscrivant dans une logique de responsabilisation, caractéristique des nouvelles méthodes de management.

Comme le souligne le sociologue Denis Segrestin, ce sont des normes d'un type particulier : des normes procédurales qui sont peu prescriptives, tant sur le niveau de performance à atteindre que sur les moyens à mettre en œuvre. Paradoxalement, elles ne conduisent pas à une standardisation des pratiques mais plutôt à des contextualisations variées en fonction des régulations locales à l'œuvre[1].

Dans la pratique, leur mise en œuvre peut prendre les formes les plus variées. À la relative prévisibilité des systèmes bureaucratiques a succédé l'indétermination des systèmes de management. Tout dépend des intentions de l'entreprise et de ses managers. Ils peuvent servir de guide à la rationalisation des méthodes de gestion de la qualité ; à mettre en concurrence des sites ou des sous-traitants à partir des éléments de performance qui leur remontent et faire pression sur les managers intermédiaires pour exiger des performances toujours plus ambitieuses ; ou se limiter à un exercice de conformation symbolique aux exigences des donneurs d'ordre.

1. Denis Segrestin, « L'entreprise à l'épreuve des normes de marché. Les paradoxes des nouveaux standards de gestion dans l'industrie », *Revue française de sociologie*, vol. 38, n° 3, juillet-septembre 1997, p. 553-585.

L'autoévaluation peut revêtir, quant à elle, des formes plus insidieuses et moins visibles quand elle est appliquée aux systèmes d'évaluation individuels. Si les managers sont bienveillants et le dialogue constructif, l'exercice peut s'avérer bénéfique pour les deux parties et s'inscrire dans une « ingénierie de la discussion ». Mais il est facile de le détourner de telle sorte que le subordonné intériorise une exigence de performance et participe à une escalade des engagements, au risque de mettre sa santé personnelle en danger.

Pour parvenir à ce résultat, les supérieurs ont différentes manières d'agir sur la subjectivité de leurs subordonnés, par exemple en organisant des *benchmarks* systématiques (ou « évaluations comparatives ») dont les résultats lui sont divulgués et mis en scène tantôt pour l'encourager, tantôt pour le menacer, tantôt pour le décourager et l'inciter à quitter l'entreprise. Sous un vocable aimable et rassurant, derrière leur souplesse apparente, ces méthodes peuvent constituer une redoutable « cage de fer » au service d'une culture de la performance qui a partie liée avec celle de l'innovation.

La culture de la performance au service de la rationalisation managériale : le New Public Management

La culture de la performance a progressivement étendu son empire au secteur public sous la bannière du New Public Management (NPM), système promu par les consultants britanniques depuis les années 1980, puis largement diffusé à partir des années 2000 dans tous les pays développés pour « moderniser » l'État. Dans cette logique, il s'agit de mettre en place des méthodes de contractualisation adossées à des objectifs de performance quantifiés, des systèmes de mesure de performance et de reporting, des méthodes de gestion par projet et d'autoévaluation, inspirés du secteur privé[1].

Aucune organisation, aucun métier n'y échappe : hôpitaux, administrations, écoles, universités, crèches, bibliothèques, collectivités locales… Chaque organisation publique « responsable » doit prendre des engagements, mesurer sa performance et s'améliorer continûment sur la base d'indicateurs, même quand les moyens mis à disposition diminuent. Pour les inciter à adopter ces systèmes, différents outils (bonus, pénalités, investissements ciblés sur les établissements d'excellence, primes…) ont été imaginés et mis en œuvre par les pouvoirs publics avec l'aide de cabinets de conseil. L'obsession du « gouvernement par les nombres », pour reprendre la formule du juriste Alain Supiot[2], et de la « productivité » l'emporte alors sur la qualité de service public : c'est le taux de remplissage des lits, la durée moyenne de séjour des patients et la tarification à l'activité à l'hôpital ; les statistiques de criminalité dans la police ; le nombre de publications dans des revues anglo-saxonnes classées dans la recherche, etc. Tous ces indicateurs quantifiés conventionnels ont un point commun : ils ne mesurent pas une qualité de service mais l'efficacité des moyens engagés. En quoi le taux de remplissage des lits, la durée moyenne de séjour ou le coût des actes médicaux sont-ils des indicateurs de qualité de soins ? Les effets pervers se manifestent là encore quand les acteurs intériorisent les critères selon lesquels ils se sentent jugés plutôt que la mission de service public qu'ils sont censés poursuivre[3]. La diffusion du NPM a

1. Christopher Hood, « A Public Management for All Seasons? », *Public Administration*, vol. 69, n° 1, 1991, p. 3-19.

2. Alain Supiot, *La Gouvernance par les nombres*, Paris, Fayard, 2015.

3. Voir Michel Berry, *Une technologie invisible. L'impact des instruments de gestion sur l'évolution des systèmes humains*, *op. cit.*

conduit au résultat paradoxal de créer de nouvelles formes de bureaucratisation alors que l'objectif initial était de remplacer la bureaucratie par de nouvelles formes de gestion inspirées du privé[1]. Elle a également contribué à déstabiliser les professions (par exemple les médecins, les universitaires, etc.) dont l'autonomie et la liberté de jugement se heurtent à des logiques de performance perçues comme arbitraires et contraires à leur éthique professionnelle[2].

Mêmes méthodes, mêmes symptômes que dans le privé. Avec la diffusion de ces innovations managériales, le secteur public est à son tour touché par les RPS et les différentes pathologies de la santé au travail qui conduisent à une perte de sens au travail, un découragement des salariés et une baisse de la qualité de service[3].

Conclusion

L'objectif de cette partie était de montrer que la plupart des innovations ont des effets ambivalents, même quand elles visent des objectifs apparemment vertueux. Cette ambivalence vaut autant pour les innovations technologiques que pour les innovations financières et managériales, qui, derrière des discours rassurants, continuent, le plus souvent, à servir le projet d'une

1. Philippe Bezes, Ève Chiapello et Pierre Desmarez, « Introduction : la tension savoirs-pouvoirs à l'épreuve du gouvernement par les indicateurs de performance », *Sociologie du travail*, vol. 58, n° 4, octobre-décembre 2016, p. 347-369.

2. Philippe Bezes, Didier Demazière, Thomas Le Bianic *et al.*, « New Public Management et professions dans l'État : au-delà des oppositions, quelles recompositions ? », *Sociologie du travail*, vol. 53, n° 3, juillet-septembre 2011, p. 293-348.

3. Voir Christophe Dejours, *Le Choix. Souffrir au travail n'est pas une fatalité*, *op. cit.*

croissance sans fin, de rendements financiers exorbitants ou de performances irréalistes.

Poussées à leurs limites et sans discernement, ces innovations sont susceptibles de produire des effets indésirables sur le plan environnemental, économique ou social. Ce constat laisse perplexe sur la possibilité d'une transition vers une société socialement désirable et écologiquement soutenable.

Comment sortir de ce cercle vicieux où des innovations incontrôlées engendrent des effets indésirables qui suscitent à leur tour le besoin d'innovations censées en corriger les effets ? Comment redonner un sens et une direction à l'innovation qui participe à la construction d'un monde enfin soutenable ? Tels sont les défis qui se posent aujourd'hui à nos sociétés modernes à l'heure de l'Anthropocène.

Mais avant d'imaginer d'autres mondes possibles et d'autres façons d'innover collectivement, il fallait d'abord faire l'analyse distanciée des innovations passées et actuelles et tordre le cou à toute une série de croyances fausses sur les impacts supposés des innovations. C'est à cette tâche que nous nous sommes attelés dans cette seconde partie. Quatre conclusions principales en ressortent.

Première conclusion : il faut abandonner le biais pro-innovation qui part du présupposé que toutes les innovations produisent des effets bénéfiques. Il convient, au contraire, d'imposer aux innovateurs des exigences éthiques et de nouvelles normes d'évaluation pour identifier les conséquences indésirables de leurs projets et les moyens pour les éviter, ou du moins les atténuer.

Deuxième conclusion : la croissance « verte » est un mirage car elle fait accroire que l'innovation technologique pourra apporter des solutions aux problèmes écologiques actuels sans toucher ni aux modes de vie ni à la sacro-sainte croyance que la croissance économique doit être poursuivie coûte que coûte.

Troisième conclusion : les innovations financières ne participent pas d'une fluidification des relations économiques et n'offrent pas de conditions préférentielles au financement des projets « verts ». Elles contribuent au contraire à la volatilité accrue des marchés, à la survenue de crises systémiques et à la financiarisation du monde où toutes les choses sont transformées en actifs financiers.

Quatrième conclusion : quand elles sont combinées à une culture de la performance, les innovations managériales ne contribuent pas à la responsabilisation et à l'autonomie des acteurs mais elles engendrent des effets pervers : dégradation des conditions de travail et de la santé au travail, perte de sens au travail et crises organisationnelles.

Éviter ces effets indésirables suppose d'en avoir conscience, pour être en mesure d'innover autrement.

Troisième partie

Comment innover autrement ?

Comment innover autrement ? C'est l'enjeu de cette troisième partie que d'essayer d'esquisser quelques pistes de réflexion tout en évitant deux chausse-trapes : celle du « solutionnisme » qui consiste à laisser penser qu'existeraient déjà des solutions politiques et technologiques sur étagère prêtes à être déployées alors qu'elles restent à inventer ; celle du volontarisme politique qui fait reposer sur les responsables politiques la charge d'imaginer et de mettre en œuvre les politiques adéquates. Les décideurs politiques sont dans le même état d'ignorance et d'indécision que le reste de la population. Ils connaissent les vieilles recettes, ils sont prisonniers de la culture contemporaine de l'innovation, c'est-à-dire du mythe que ces dernières, notamment technologiques, nous permettront de sauver à la fois la planète, nos modes de vie et la croissance économique.

Pour imaginer d'autres voies possibles, il s'agira, dans cette partie, d'essayer d'identifier des *prises pour l'action collective*, c'est-à-dire de repérer les enjeux, les terrains, les dispositifs où le combat pour imaginer des cultures alternatives de l'innovation plus conviviales et soutenables peut être mené.

Cette partie s'articulera autour de deux axes : d'une part, la responsabilisation des acteurs sur les conséquences à long terme de leurs actions, c'est-à-dire l'exercice d'une forme de *responsabilité projective* et des dispositifs pour la concrétiser ; d'autre part, l'exploration d'*innovations sobres* qui visent explicitement à changer les modes de vie et de consommation dans le sens d'une plus grande sobriété. Nous verrons qu'une telle transformation suppose un changement des cadres cognitifs et donc de sortir de la culture actuelle de l'innovation.

Chapitre 5

Comment responsabiliser les acteurs de l'innovation ?

L'un des effets pervers du biais pro-innovation est qu'il permet de s'exonérer en partie de réflexions critiques, éthiques et prospectives sur les conséquences à long terme des innovations. Dès lors que les innovations sont conformes aux réglementations et à des normes publiques et privées (par exemple l'autorisation de mise sur le marché, les labellisations, etc.), pourquoi s'intéresser aux conséquences éventuelles de l'innovation ?

Pour pousser plus loin la réflexion, il s'agit donc de revenir aux différentes conceptions de la responsabilité associées aux innovations, en particulier à celles qui proposent les principes d'une responsabilité projective orientée vers le futur.

L'éthique de la responsabilité selon Hans Jonas

L'un des auteurs qui ont le mieux théorisé la question de la responsabilité dans nos sociétés modernes est le philosophe Hans Jonas dans *Le Principe responsabilité*[1].

1. Hans Jonas, *Le Principe responsabilité. Une éthique pour la civilisation technologique*, *op. cit.*

Élève de Heidegger, Jonas est à la fois marqué par la guerre, par la puissance inédite et effrayante de la bombe atomique et plus largement par celle des technologies qui menacent la biosphère et la survie de l'espèce humaine. Il estime que la puissance technologique moderne crée un type de problèmes éthiques inconnus jusqu'à ce jour[1]. La logique cumulative de la technologie conduit à une fuite en avant, anonyme et incontrôlée. « Un des ressorts de cet auto-accroissement sans fin est la nécessité où sont les hommes de réparer les dégâts dus à la technologie par des innovations technologiques qui créent elles-mêmes de nouveaux problèmes, et ainsi de suite », écrit Bernard Sève commentant Jonas ; une analyse qui n'est pas sans faire écho aux réflexions de Jacques Ellul sur le caractère auto-expansif de la technique ou à celles d'Ulrich Beck dans *La Société du risque*[2], écrit après la catastrophe nucléaire de Tchernobyl, où il défend l'idée que les progrès contemporains de la science et de la technologie produisent des effets inattendus et imprévisibles et conduisent à des risques majeurs n'ayant pas de limites temporelles ou spatiales.

Cette puissance d'agir technique, alimentée par des utopies, est d'autant plus problématique, selon Jonas, qu'il est impossible de connaître, à une certaine échelle, les conséquences exactes de nos actes. Chaque innovation technologique est susceptible d'engendrer des risques majeurs[3] inconnus jusque-là[4]. À partir

1. Voir également Bernard Sève, « Hans Jonas et l'éthique de la responsabilité », *Esprit*, n° 165, octobre 1990, p. 72-86.

2. Ulrich Beck, *La Société du risque. Sur la voie d'une autre modernité* (1re éd. en allemand, 1986), Paris, Aubier, 2001.

3. À propos des risques majeurs comme symptôme d'une crise des systèmes de légitimité, voir Romain Laufer, *L'Entreprise face aux risques majeurs. À propos de l'incertitude des normes sociales*, Paris, L'Harmattan, 1993.

4. La nouveauté des risques technologiques majeurs est contestée par certains historiens qui soulignent que cette thèse était déjà développée au XIXe siècle

du moment où l'humanité a la capacité de s'autodétruire et de détruire la planète, l'humanité a de nouvelles obligations envers les générations futures. À cette aune, Jonas propose une nouvelle éthique de la responsabilité, fondée sur la *responsabilité à l'égard du futur* et qui oblige les acteurs du présent.

L'éthique traditionnelle, explique-t-il, est dépassée à plusieurs égards : le rapport avec la nature est technique et éthiquement neutre ; elle est anthropocentrée, c'est-à-dire focalisée sur les rapports à autrui en tant qu'humains ; l'homme est extérieur à la technologie ; l'horizon temporel considéré est borné sur le plan à la fois spatial et temporel : seules les conséquences pour les humains actuellement vivants sont prises en compte.

La responsabilité juridique traditionnelle, qui est inscrite dans le passé, est inadaptée à ce nouveau régime technologique. Celle-ci est en effet centrée sur les problèmes d'imputation, c'est-à-dire sur la recherche d'un lien entre un comportement et ses effets, sur les dommages pour autrui ou sur la nature par exemple. Comme le résume le juriste François Ost, « traditionnellement, dans la pensée éthique et dans son institutionnalisation juridique, ce lien a été configuré dans l'horizon du passé[1] ».

À rebours de cette conception, Jonas propose une éthique de la responsabilité fondée sur le *pouvoir faire* plutôt que sur les actes passés. Il propose une responsabilité projetée, tournée vers l'avenir et notamment vers les générations futures, pour assurer la survie de l'humanité. Mais cette responsabilité n'est pas réciproque : elle oblige les humains à l'égard d'un avenir et d'individus qui n'existent pas, et auxquels ils ne peuvent demander de comptes.

(voir Jean-Baptiste Fressoz, *L'Apocalypse joyeuse. Une histoire du risque technologique*, *op. cit.*).

1. François Ost, *La Nature hors la loi. La nature à l'épreuve du droit*, Paris, La Découverte, « Poche/Sciences humaines et sociales », 2003.

Cette conception singulière l'a conduit à formuler une responsabilité sous la forme d'impératifs catégoriques : « Agis de façon que les effets de ton action soient compatibles avec la permanence d'une vie authentiquement humaine sur terre » ; ou bien : « Agis de façon que les effets de ton action ne soient pas destructeurs pour la possibilité future d'une telle vie. »

Certains lui ont reproché une position anti-scientifique et anti-technologique, ce qu'il a toujours réfuté. Il considère que le caractère radicalement incertain des risques technologiques implique que « le savoir devient une obligation prioritaire » et que « si tu ne sais pas si la technologie que tu poses comporte un risque destructeur pour l'humanité, fais tout pour savoir et préserver la vie ».

Ce principe responsabilité s'applique mal au niveau individuel, car les individus n'ont pas la capacité d'agir à l'échelle adéquate. C'est d'abord une responsabilité collective qu'il désigne, impliquant le déploiement de nouvelles actions collectives, publiques et privées.

Les réflexions de Hans Jonas ont influencé les doctrines publiques contemporaines, en particulier la notion de développement durable qui fait explicitement référence aux responsabilités des générations actuelles envers les générations futures. Toutefois, et comme nous le verrons plus loin, ces analyses ont mis du temps à s'incarner dans des politiques publiques, des cadres juridiques, des stratégies des acteurs privés ou des mobilisations collectives.

Quels dispositifs de responsabilisation des innovateurs ?

Comment les pouvoirs publics et les acteurs privés ont-ils appréhendé la question de la responsabilité des innovateurs dans leurs doctrines, leurs méthodes et leurs actions ? Quels dispositifs nouveaux pourrait-on imaginer pour incarner la responsabilité projective dont parle Jonas ?

Incitations économiques : les limites d'une approche purement économique de la responsabilisation

L'idée de responsabiliser les entreprises à propos des impacts environnementaux et sociétaux à long terme qu'elles sont susceptibles d'engendrer n'est pas nouvelle. Elle a été notamment théorisée, dès les années 1920, par l'économiste Arthur Pigou[1] qui constatait la multiplication des « défaillances de marché », également appelées « externalités », c'est-à-dire des conséquences involontaires pour des tiers de transactions marchandes. Les dommages de l'activité économique sur l'environnement naturel font ainsi partie des externalités négatives des activités économiques. Imaginons le cas d'une usine chimique qui rejette, en l'absence de réglementation, ses effluents chimiques dans une rivière. Ces effluents affectent en aval le bien-être des populations car l'eau devient impropre à la consommation ou empoisonne les poissons et affecte l'activité des pêcheurs. L'intégration du bien-être social dans l'analyse économique, explique Pigou, implique de dépasser le seul point de vue des acteurs économiques pour intégrer le coût social de ces externalités. Deux types de solutions peuvent être imaginées : agir sur les quantités par la réglementation ou des quotas de pollution échangeables (fixation de seuils) ou bien agir sur les prix (par le biais de taxes incitatives).

Depuis trente ans, la réglementation ayant été largement déconsidérée, car jugée trop complexe à mettre en œuvre et à contrôler, la doctrine publique d'inspiration néolibérale privilégie les mécanismes incitatifs, réputés plus responsabilisants et flexibles. Les

1. Arthur Pigou, *The Economics of Welfare*, Londres, Macmillan, 1920.

écotaxes, comme la taxe carbone, la rémunération des services écosystémiques ou encore les marchés de droits à polluer sont ainsi devenus l'alpha et l'oméga de l'action publique. En donnant un prix aux biens communs naturels (eau, climat, biodiversité…), ces incitations participent à l'extension du marché à toutes les activités, y compris écologiques, comme mécanisme de régulation universel.

Sur le papier, une telle démarche semble vertueuse : si les prix accordés aux biens communs naturels sont élevés, les acteurs économiques, et les innovateurs en particulier, devraient les intégrer au moment de la conception de leurs projets de façon à minimiser les impacts environnementaux.

Malheureusement, le bilan de ces démarches est pour le moment très maigre. En premier lieu, le montant des taxes ou des prix des marchés de quotas comme celui du carbone en Europe (EU-ETS)[1] sont trop faibles pour avoir un effet incitatif ; en second lieu, ils s'accompagnent d'exemptions nombreuses qui en réduisent l'efficacité ; en troisième lieu, ces taxes et marchés ne concernent qu'un petit nombre de pays alors qu'il s'agit de lutter contre des problèmes globaux d'environnement et donc de changer le comportement de l'ensemble des acteurs économiques et des habitants de la planète.

Pourquoi ces instruments économiques ne sont-ils pas davantage diffusés et qu'est-ce qui empêche de fixer des prix élevés s'ils sont la condition d'une transition écologique ambitieuse ? Les économistes orthodoxes, à l'instar du Prix Nobel d'économie Jean Tirole, ne réclament-ils pas à l'unisson, avec le soutien de nombreux décideurs publics et privés, la mise en place d'un prix mondial unique du carbone pour envoyer un signal de long terme aux acteurs économiques leur signifiant que la lutte contre le changement climatique compte vraiment ?

1. European Emissions Trading System (EU-ETS).

L'exemple du prix unique mondial du carbone souligne les contradictions de la théorie économique et des décideurs publics qui promeuvent ces principes. Dès lors que l'on sort du monde idéalisé de la théorie économique standard, cette proposition achoppe sur des obstacles juridiques, politiques et sociaux qui rendent la mise en œuvre de cette solution illusoire. L'économiste Antonin Pottier, dans *Comment les économistes réchauffent la planète*[1], fait un réquisitoire sans concessions des modèles et théories économiques au fondement de ces instruments économiques incitatifs.

Le premier obstacle est d'ordre juridique. La fiscalité relève de la souveraineté des États. Dans l'Union européenne par exemple, l'adoption d'une règle fiscale commune exige l'unanimité des pays membres. L'échec de l'introduction d'une taxe carbone européenne en 1996 illustre les difficultés d'obtenir un tel consensus puisque certains pays membres s'y sont opposés. Une solution de second choix a été mise en œuvre, la création d'un marché européen des quotas de CO_2 (EU-ETS) dont la complexité et les modalités de mise en œuvre ont durablement retardé toute transition bas carbone car les quotas échangeables distribués étaient généreusement distribués par les pouvoirs publics. Le système a créé simultanément des effets d'aubaine pour certains acteurs et abouti à des prix très bas puisque l'offre de quotas excédait la demande.

Le second obstacle est d'ordre politique. L'idée d'un prix unique mondial part d'une hypothèse simple : il serait possible de convaincre tous les pays souverains d'adopter une telle taxe mondiale pour sauver le bien commun mondial qu'est le climat.

1. Pour une critique des modèles et préconisations des économistes *mainstream* pour lutter contre le changement climatique, le lecteur pourra se référer au livre d'Antonin Pottier, *Comment les économistes réchauffent la planète*, Paris, Seuil, « Anthropocène », 2016.

Comment croire une seconde à cette hypothèse ? Si l'Union européenne, qui est un espace économiquement, culturellement et socialement relativement homogène, n'est pas parvenue à établir un consensus sur le sujet, pourquoi d'autres pays se rangeraient sans ciller à cette proposition ?

Pour se convaincre du caractère parfaitement irréaliste de la solution, prenons le cas des paradis fiscaux. Il existe dans le monde nombre de pays qui exonèrent entreprises et particuliers de tout prélèvement fiscal et leur garantissent l'anonymat pour attirer ces capitaux et développer une activité financière. Une taxe carbone n'est rien d'autre qu'un instrument fiscal. Pourquoi ces pays qui enfreignent les lois internationales deviendraient-ils vertueux parce que le climat est en jeu ? Imaginons des pays en pleine crise économique et subissant une désindustrialisation massive. Ne seront-ils pas tentés d'attirer les entreprises intensives en carbone qui souhaitent échapper à des taxes carbone dissuasives ? Cette hypothèse est d'ailleurs parfaitement conforme avec les théories microéconomiques contemporaines, notamment développées par Jean Tirole lui-même, qui font l'hypothèse forte que tous les agents sont par nature opportunistes. Il y a donc une contradiction, voire une hypocrisie délibérément entretenue, à proposer une solution qui viole les hypothèses des modèles économiques sous-jacents.

Le troisième obstacle est social. Nous avons vu à l'occasion de la crise des Gilets jaunes comment la mise en œuvre sans précaution d'une taxe carbone, s'ajoutant à une hausse des prix du baril de pétrole, avait engendré une révolte sociale de grande ampleur car les individus n'avaient aucune solution de substitution à la voiture individuelle pour leur transport. En l'absence de politiques redistributives pour amortir le choc fiscal auprès des populations les plus fragiles et les plus dépendantes des énergies fossiles, pour leur transport et leur logement, la fiscalité écologique est d'emblée vouée à l'échec. Le même raisonnement s'applique aux secteurs économiques très dépendants des énergies carbonées (par exemple l'industrie lourde, le transport routier, maritime ou aérien) pour lesquels inventer des solutions de substitution exige des efforts d'innovation qui se conçoivent sur le temps long.

Entendons-nous bien : l'argument n'est pas de dire que la fiscalité écologique n'a aucun rôle à jouer dans une transition écologique. Mais il est de souligner que la fiscalité écologique n'est qu'un instrument parmi d'autres d'une politique publique à côté de la planification, de l'urbanisme, de l'aménagement du territoire, de la protection juridique des communs, de politiques soutenables de mobilité douce, etc.

La Suède s'est engagée depuis vingt ans dans une telle stratégie de transition écologique qui joue sur ces différents leviers et qui s'est déployée en concertation étroite avec les citoyens et des acteurs économiques. Mais ce qui a été possible pour la Suède, qui possède un vaste potentiel d'énergies renouvelables (biomasse forestière, éolien, hydroélectricité, etc.), l'est-il pour des pays émergents pauvres et très dépendants des énergies fossiles ?

La transposition du raisonnement économique au domaine juridique : quel bilan de la mise en œuvre du principe pollueur-payeur ?

L'internalisation des externalités a également été transposée au domaine juridique via le concept de principe pollueur-payeur, théorisé par l'OCDE en 1972, qui stipule que les coûts résultant des mesures de prévention, de lutte contre les pollutions et des dommages occasionnés à des tiers doivent être imputés au pollueur. Il a été introduit comme principe fondamental dans l'Acte unique européen entré en vigueur en 1987.

Ce principe a été mis en œuvre depuis dans le domaine judiciaire dans le cas de procès pour pollution. Mais il a été appliqué le plus souvent de manière rétrospective, c'est-à-dire pour condamner un pollueur dont la responsabilité a pu être clairement établie, comme dans le cas des marées noires de l'*Amoco Cadiz* ou de l'*Erika* par exemple.

On voit bien cependant les limites d'un tel principe à la lumière des réflexions de Jonas : c'est un principe économico-juridique et non éthique ; il s'applique *ex post*, une fois la pollution avérée ; il repose sur des fondements rationnels et calculatoires classiques puisque l'établissement d'une faute du pollueur n'est possible que sur la base d'une démonstration d'une chaîne de causalité claire entre son action et ses conséquences sur l'environnement naturel ; or, comme cette démonstration est difficile à établir et que les amendes ou les peines sont rares, il est peu dissuasif pour changer le comportement des acteurs.

Du principe pollueur-payeur à la responsabilité élargie des producteurs (REP) : l'invention d'une forme de corégulation

La difficulté à mettre en œuvre le principe pollueur-payeur de façon préventive a conduit l'OCDE à proposer, en 1999, une nouvelle doctrine fondée sur le principe de responsabilité élargie du producteur (REP). Contrairement au principe pollueur-payeur, la REP est censée mieux incarner une logique de responsabilisation projective. Concrètement, il s'agit de transférer aux « producteurs[1] » qui mettent en marché des biens et services la gestion

1. La notion de « producteur » est souvent entendue de façon générique et correspond de fait aux metteurs en marché, ce qui inclut *de facto* les entreprises de distribution en sus des producteurs eux-mêmes.

des impacts environnementaux de leurs produits sur l'ensemble de leur cycle de vie, depuis la conception jusqu'à leur fin de vie afin d'éviter de faire peser ces coûts et ces dommages sur la société. Charge alors à ces producteurs de s'organiser, individuellement ou collectivement, via des éco-organismes, pour mettre en place une gestion financière et organisationnelle afin de traiter de ces impacts[1]. Le point clé de la démarche est qu'elle est contractuelle. Entreprises et puissance publique négocient des objectifs environnementaux quantifiés associés à des échéances filière par filière, pays par pays. La REP institue ainsi d'une certaine manière un principe de corégulation où les objectifs et les modalités de l'action collective sont négociés entre les entreprises et l'État. Elle se distingue donc aussi bien d'une régulation classique par l'État que d'une régulation par le marché ou d'une autorégulation par les acteurs privés[2].

L'autre différence par rapport au principe pollueur-payeur est l'importance accordée à la notion de cycle de vie. Potentiellement, il s'agit d'amener les acteurs économiques à anticiper, dès la conception, les impacts que pourraient avoir les produits tout au long de leur cycle de vie, en mettant en œuvre des démarches de prévention et d'écoconception. Dans la pratique, ces enjeux de prévention n'ont été mis que très récemment à l'agenda public des REP.

Cette doctrine a rencontré un fort écho dans l'Union européenne et dans les pays membres. Les emballages ont été la première filière à adopter cette approche, dès le début des années 1990, avant même qu'elle soit mise en avant par

1. Voir, à ce sujet, le livre d'Helen Micheaux, *Responsabiliser pour transformer : des déchets aux mines urbaines*, Paris, Presses de l'École des mines, 2019.

2. Voir Helen Micheaux et Franck Aggeri, « Le déchet comme potentiel commun : vers une nouvelle forme de gouvernance de l'environnement », *Annales des Mines-Gérer et comprendre*, vol. 137, n° 3, 2019, p. 3-15.

l'OCDE. Il s'agissait à l'époque pour les pouvoirs publics de répondre aux pressions des populations et des collectivités locales qui faisaient face à l'accroissement continu des déchets d'emballages et à leur coût croissant de traitement. La négociation avec les industriels a ainsi conduit aux premières REP collectives via la création d'éco-organismes privés à but non lucratif : éco-emballages en France, DSD en Allemagne. Depuis lors, la REP a été étendue à d'autres filières (automobiles, équipements électriques et électroniques, piles et accumulateurs, produits chimiques…) et plus récemment au bâtiment et les travaux publics et à d'autres filières plus spécifiques. Sur le plan de la gouvernance, la plupart des REP ont choisi un fonctionnement collectif et délégué une partie de leurs responsabilités à des éco-organismes : des sociétés privées à but non lucratif, dont les producteurs sont les actionnaires, sont agréées en France pour une période de six ans en fonction d'objectifs quantifiés et de cahiers des charges négociés. C'est donc un dispositif d'action publique négocié et révisable. Le financement des REP est assuré par des écocontributions qui sont répercutées sur le prix de vente des produits, et donc payés par les consommateurs.

Centrées à l'origine, la collecte et le recyclage des déchets en fin de vie, les REP ont récemment évolué pour intégrer l'ensemble des enjeux du cycle de vie : prévention, écoconception, réemploi, réparation, etc. Elles sont devenues, notamment en France, un instrument privilégié de l'action publique, comme l'atteste la loi AGEC (loi antigaspillage et économie circulaire) de 2022 en France qui a créé de nouvelles REP tout en leur assignant de nouveaux rôles et objectifs pour promouvoir l'économie circulaire. En particulier, la loi instaure des obligations en matière de prévention, d'écoconception et de durabilité des produits.

Avec les REP, les entreprises sont donc censées intégrer les conséquences environnementales à court, moyen et long terme des innovations qu'elles mettent sur le marché. Dans la pratique, les critères sur lesquels elles sont jugées portent d'abord sur des objectifs connus et identifiés. Le dispositif ne traite donc pas les conséquences mal connues, voire inconnues, ou les enjeux émergents associés à des innovations radicalement nouvelles. Il s'adapte donc avec retard aux enjeux qui émergent au fil de l'eau ou qui sont mis à l'agenda par des actions collectives, comme dans le cas de la réparation en France. La correction de la trajectoire des REP n'interdit pas d'imaginer qu'elles puissent jouer un rôle actif dans une transition écologique ambitieuse.

Mais l'originalité du dispositif (la gestion collective de problèmes communs) est également sa plus grande faiblesse. Certes, cette forme d'organisation a des vertus indéniables : en particulier, susciter des formes d'action collectives et de solidarité qui n'existaient pas entre producteurs, distributeurs, réparateurs, économie sociale et solidaire, entreprises spécialistes des déchets et recycleurs pour inventer et mettre en place de nouvelles solutions. Mais le corollaire de ce fonctionnement collectif est une dilution des responsabilités qui fait que chaque acteur a tendance à considérer que c'est à l'autre de gérer à sa place les conséquences à long terme des innovations mises sur le marché. Ce risque de déresponsabilisation individuelle a été identifié par les acteurs publics qui cherchent à amender le dispositif en introduisant des mécanismes incitatifs de différenciation des écocontributions en fonction des efforts individuels d'écoconception. Sur le plan intellectuel, la démarche a de quoi séduire mais elle s'avère d'une grande complexité dans sa mise en œuvre. En outre, la différenciation des écocontributions est actuellement tellement faible qu'elle ne constitue pas un mécanisme de responsabilisation incitatif.

Autre point qui fait l'objet de critiques récurrentes : la gouvernance. Pourquoi limiter la REP à un tête-à-tête entre les entreprises et l'État et ne pas inclure dans la gouvernance l'ensemble des parties potentiellement concernées par les problèmes à gérer : associations de consommateurs, ONG, collectivités locales, scientifiques, etc. ?

Ces critiques ne disqualifient pas le dispositif de la REP qui a déjà beaucoup évolué, mais ils mettent en évidence l'ampleur des réformes à mettre en place pour trouver un équilibre entre responsabilisation individuelle et responsabilisation collective, et pour qu'il donne la priorité aux enjeux de prévention et d'écoconception.

La RSE : les limites d'une logique d'autorégulation

Une autre voie de responsabilisation est l'autorégulation, c'est-à-dire l'adoption volontaire par les acteurs économiques et organisationnels de normes sociétales qu'ils s'imposent à eux-mêmes en dehors de toute contrainte légale[1]. La responsabilité sociétale des entreprises (RSE) ou responsabilité sociétale des organisations (RSO) incarne cette logique de responsabilisation fondée sur l'autorégulation. La Commission européenne, dans un livre vert de 2001, définissait la RSE comme « l'intégration volontaire, par les entreprises, de préoccupations sociales et environnementales à leurs activités commerciales et leurs relations avec leurs parties prenantes ». Cette même Commission, dans un souci de mettre

1. À cet égard, les juristes soulignent que la RSE est encore trop faiblement opposable en droit, ce qui affaiblit fortement la portée des engagements qui y sont associés. Ils estiment qu'on ne peut laisser aux entreprises la liberté de s'autoréguler et qu'il est par conséquent nécessaire de les responsabiliser sur un plan juridique. (Voir Katia Martin-Chenut et René de Quenaudon (dir.), *La RSE saisit par le droit. Perspectives internes et internationales*, Paris, A. Pedone, 2016.)

davantage l'accent sur les effets que sur les intentions en a proposé une nouvelle définition en 2011 : la RSE est « la responsabilité des entreprises vis-à-vis des effets qu'elles exercent sur la société ».

Le mouvement de la RSE, d'origine nord-américaine, est ancien. Il a connu une première vague d'engouement dans les années 1960 au moment où sont apparues les premières contestations sociales pour la défense du droit des minorités et la naissance des mouvements écologistes contestant les effets sur l'environnement des technologies et des activités des entreprises. La RSE avait, dès cette époque, une fonction précise qu'elle a conservée depuis : légitimer l'action des entreprises et préserver leur réputation face à ces contestations sociales en donnant des gages de bonne conduite. Mais ce n'est qu'au tournant des années 2000 que la RSE a été institutionnalisée dans les grands pays développés avec la création de fonctions dédiées dans les entreprises et l'adoption, sous la houlette des consultants, de méthodes, d'outils de reporting et de communication extra-financiers[1]. Encouragée par les pouvoirs publics comme une forme de responsabilisation complémentaire des politiques publiques mises en place pour répondre aux grands enjeux sociétaux contemporains (*grands challenges*), la RSE est devenue une figure imposée qui institutionnalise, de fait, le rôle politique des entreprises dans la Cité puisque celles-ci édictent pour elles-mêmes et leurs sous-traitants des normes sociétales. Contrairement à la vulgate sur la RSE, celle-ci n'est pas une simple démarche volontaire, elle a partie liée avec l'action publique. L'un des objectifs des acteurs de la RSE est d'anticiper les réglementations ou les actions publiques à venir, voire de les influencer, et d'engager des actions pour s'y préparer.

1. Pour un historique des doctrines et pratiques de RSE, le lecteur pourra se référer à Aurélien Acquier et Franck Aggeri, « Une généalogie de la pensée managériale sur la RSE », *Revue française de gestion*, n° 180, 2008/1, p. 131-157.

Le cœur normatif des démarches de RSE renvoie cependant à une conception restrictive de la responsabilité. Celle-ci se limite en effet à un devoir de « redevabilité » à l'égard des parties prenantes de l'entreprise, traduction du terme anglo-saxon d'*accountability*, très en vogue dans les milieux de l'audit et de la certification, et activement promu par les consultants, notamment britanniques[1]. Cette redevabilité s'incarne sous la forme d'indicateurs, de critères de performance mesurables, auditables et vérifiables qui doivent être conformes à des référentiels privés extra-financiers ou à des normes publiques, quand elles existent, et qui peuvent être intégrés dans des systèmes de management, comme la norme ISO 26000 sur la responsabilité sociétale des organisations (RSO)[2].

Cette approche instrumentale de la responsabilité est d'abord centrée sur les moyens à mettre en œuvre et sur une exigence de traçabilité des performances sociétales. Être une entreprise ou une organisation responsable consiste à se doter d'objectifs quantifiés conformes aux objectifs du développement durable (ODD) de l'ONU, à mobiliser des méthodes et des référentiels éprouvés et obtenir des labels et des certifications comme gages de crédibilité.

Cette approche instrumentale de la responsabilité est également mimétique. Les entreprises se doivent d'utiliser les mêmes outils, méthodes, référentiels et processus que les concurrents de telle sorte qu'il soit possible de pouvoir comparer les performances extra-financières des entreprises. Ainsi, tout le système

1. Pour une critique de la responsabilité sociétale de l'entreprise (RSE), le lecteur pourra se référer au livre de Michel Capron et Françoise Quairel-Lanoizelée, *L'Entreprise dans la société. Une question politique*, Paris, La Découverte, 2015.

2. Pour une synthèse de ces démarches, voir Nicolas Mottis (dir.), *ISR & finance responsable*, Paris, Ellipses, 2e éd., 2022.

managérial de notation et d'évaluation des performances extra-financières est tendu vers un objectif : restaurer les conditions de fonctionnement de « marchés efficients » où des acteurs économiques et sociaux bien informés pourront prendre les « bonnes décisions ».

Le paradoxe de cette conception instrumentale de la responsabilité est que les entreprises n'ont pas besoin de conduire une réflexion éthique sur les finalités et les conséquences de leurs actions puisqu'il s'agit avant tout de se conformer à des référentiels externes. Ainsi, si les rapports intégrés de gestion des entreprises regorgent d'indicateurs quantifiés sur leurs performances sociétales, on en sait peu sur la façon dont elles transforment concrètement leurs missions pour répondre aux enjeux sociétaux du futur et sur les projets d'innovation qu'elles se proposent d'engager pour y faire face. Rien ne s'oppose en effet à ce que la RSE cohabite avec un modèle actionnarial qui donne priorité à la performance financière. Dans ce cas, elle ne constitue qu'un dispositif symbolique visant à fabriquer de la légitimité sociale en valorisant quelques initiatives sociales emblématiques, sans rien changer au fond d'une stratégie guidée par des indicateurs de performance financiers de court terme.

Afficher les performances sociétales des produits pour responsabiliser producteurs et consommateurs

L'un des axes des politiques de RSE qui touchent directement aux pratiques d'innovation des entreprises porte sur la mise en place de dispositifs d'affichage des performances sociales, sanitaires, nutritionnelles ou environnementales des produits. Ces dispositifs visuels, qu'ils prennent la forme de labels ou d'étiquettes, sont encouragés par la puissance publique. La fonction de ces labels est double : informer les consommateurs sur l'impact des produits qu'ils consomment et les aider à orienter leurs comportements en fonction de leurs préférences et de leurs valeurs ; inciter les entreprises à engager des démarches d'innovation plus responsables qui pourront être valorisées par le biais de ces dispositifs d'affichage.

La réalité est cependant assez éloignée de cet idéal. Dans la pratique, la plupart des labels sont issus d'initiatives volontaires et ne concernent qu'un petit nombre de références d'une même catégorie de produits. Hormis certains (label bio, commerce équitable…), ils sont souvent méconnus du grand public et difficiles à comprendre car fondés sur des analyses multicritères complexes (par exemple l'écolabel européen). Leur multiplication sur les emballages des produits de grande consommation engendre plus de confusion que de confiance chez les consommateurs.

Parmi les dispositifs d'affichage, certains sont cependant obligatoires. En matière d'affichage environnemental, l'étiquette énergie pour les appareils de froid, introduite au début des années 1990 au niveau européen, a eu un effet spectaculaire sur la conception des produits et la structure du marché. En quelques années, les appareils les moins performants ont disparu du marché au profit de produits moins énergivores. Il faut dire que la consommation énergétique a la caractéristique d'être bénéfique pour le climat et pour le porte-monnaie du consommateur. Il est alors plus facile pour un vendeur d'argumenter qu'un appareil plus coûteux mais moins énergivore pourra être rapidement amorti.

De tels dispositifs obligatoires se sont multipliés comme l'étiquette CO_2 dans l'automobile et dans le bâtiment qui informent les consommateurs sur les émissions de CO_2 ramenées à une unité de mesure (par exemple le nombre de grammes de CO_2 par kilomètre pour l'automobile). Là encore, l'effet sur l'innovation a été d'autant plus fort dans l'automobile que l'étiquette a été couplée à un système de bonus/malus qui encourage les constructeurs à concevoir des véhicules peu émetteurs.

Plus récemment, ces dispositifs ont été étendus au domaine de l'alimentation avec le Nutriscore en France, pour évaluer la qualité nutritionnelle des aliments, et l'affichage environnemental qui sortira prochainement dans le cadre de la loi AGEC. D'autres initiatives ont été mises en œuvre en France, et le seront bientôt en Europe, dans le domaine des produits électriques et électroniques avec l'indice de réparabilité, et prochainement l'indice de durabilité (en 2024), qui visent à informer les consommateurs sur les produits les plus durables et réparables et encourager les producteurs à concevoir des produits plus réparables et durables, et ainsi lutter contre l'obsolescence programmée.

Ces microdispositifs de visibilité des performances environnementales et sociétales des produits ne sont pas anecdotiques. Dès lors qu'ils sont fondés sur des critères simples, compréhensibles et mesurables, ils peuvent contribuer à changer les comportements des consommateurs mais également des entreprises qui ne veulent pas que leur image soit associée à des produits mal notés. Dans cette optique, l'une des dimensions essentielles de ces dispositifs est leur visualité. Un travail spécifique est désormais systématiquement mené avec des designers sur la forme des logos, leur couleur et le type d'échelle utilisé (souvent alphabétique) permettant une compréhension immédiate par les consommateurs.

Cependant, il faut également noter les limites de telles démarches. Fondées sur une notation individuelle de chaque produit, elles ne contribuent pas nécessairement à modifier en profondeur les comportements de consommation et de production. Ce qui a été observé est plutôt un effet de substitution limité : entre plusieurs produits d'une même catégorie, un consommateur pourra, en fonction de ses préférences, sélectionner celui qui a la note la plus favorable sur le ou les critères qu'ils valorisent. En revanche, pour prendre le cas de l'alimentation, il est peu probable que des consommateurs changent de régime alimentaire, simplement en observant les étiquettes dans les rayons des supermarchés. Du côté des producteurs, le label incite d'abord à des améliorations continues pour obtenir une meilleure note. En revanche, le label ou l'étiquette n'incitent pas nécessairement à changer radicalement l'identité des produits et les modèles d'affaires, au risque de désorienter les consommateurs et les normalisateurs.

Un dispositif novateur de responsabilisation : la comptabilité en triple capital

Une autre perspective, plus récente et beaucoup plus novatrice sur la responsabilisation consiste à changer les règles de la comptabilité financière. Le grand sociologue allemand Max Weber a été l'un des premiers à souligner le rôle de la comptabilité comme infrastructure du système capitaliste, indissociable de son essor. La comptabilité, par sa rigueur, est en effet l'institution centrale pour produire de la confiance entre acteurs économiques, financiers, publics et autres parties prenantes. Elle sert à établir des comptes qui doivent être sincères et fidèles, à conditionner l'attribution de prêts par des banques ou d'investissements d'actionnaires, à calculer les bénéfices, à prélever les impôts, à donner une représentation synthétique de la santé financière des entreprises. Le problème de la comptabilité financière est qu'elle ne s'intéresse qu'à un seul type de capital : le capital financier.

La proposition radicale de Jacques Richard et Alexandre Rambaud, professeurs de comptabilité et auteurs de *Révolution comptable. Pour une entreprise écologique et sociale*[1], est d'étendre

1. Jacques Richard et Alexandre Rambaud, *Révolution comptable. Pour une entreprise écologique et sociale*, Paris, Éditions de l'Atelier, 2020.

le champ de la comptabilité, avec le modèle CARE (*Comprehensive Accounting in Respect of Ecology*), à deux autres types de capitaux : le capital humain et le capital environnement (ou naturel).

Cette logique comptable en triple capital se distingue des approches dominantes sur deux points : 1° Elle se distingue des approches des démarches standards de reporting extra-financier qui se contentent de juxtaposer au rapport financier des éléments de performance extra-financière dans les rapports intégrés de gestion. Dans cette approche, le résultat financier n'est pas affecté par les performances extra-financières et le cœur du modèle de la comptabilité demeure inchangé. 2° Elle se distingue également des approches économiques qui, comme nous l'avons vu, cherchent à valoriser le capital naturel sur la base de prix de marché. À l'inverse, dans l'approche en triple capital, les capitaux humains et naturels sont traités de la même manière que le capital financier : ce sont des dettes à rembourser, c'est-à-dire qu'il faut engager des dépenses pour maintenir en l'état « les bons états écologiques » et les ressources humaines indispensables au fonctionnement de l'entreprise ou de l'organisation.

Prenons un exemple concret pour illustrer le changement de paradigme qu'induit ce modèle comptable en triple capital. Imaginons une entreprise agricole qui exploite un sol pour des cultures. Le « sol » constitue pour elle un capital essentiel à son activité, dont la fertilité (le taux de matière organique en particulier) a un impact sur le rendement des cultures mais également sur la préservation d'une biodiversité locale pour les insectes, micro-organismes et vers de terre que l'on y trouve. Si l'entreprise agricole utilise massivement des engrais chimiques, des pesticides de synthèse et d'autres produits phytosanitaires, l'activité biologique du sol et sa teneur en matière organique diminuent, ce qui peut conduire à une baisse des rendements et à un accroissement de la quantité d'intrants utilisés pour tenter de maintenir artificiellement la productivité de ce capital, sans compter l'impact négatif de ces intrants sur la pollution des nappes phréatiques et de la biodiversité locale. Considérer le « sol » comme un capital à préserver, voire à régénérer, suppose d'abord de considérer que l'exploitant a une dette à l'égard de cette entité (le sol) vis-à-vis de laquelle il doit engager des actions de préservation. De multiples techniques inspirées de l'agroécologie existent d'ores et déjà afin de reconstituer le « bon état écologique des sols » : cultures sans labour, traitement écologique des mauvaises herbes, rotations des cultures, plantation de haies pour reconstituer une biodiversité locale, installation de couverts végétaux régénérant le sol, etc. D'autres pourraient être inventées. Dans le système comptable actuel, ces actions de préservation des sols engendrent des coûts et constituent donc des charges. Dans la comptabilité en triple capital, elles pourraient être valorisées et rendues visibles dans les comptes du bilan. À l'inverse, les entreprises agricoles qui s'inspirent d'une agriculture chimique et sans préservation verraient leur dette écologique croître et leurs résultats financiers affectés.

Les mêmes principes de préservation pourraient être appliqués au capital humain. Dans la logique financière dominante, les éléments humains sont d'abord considérés comme des charges : ce sont des dépenses de personnel. C'est la raison pour laquelle la réduction des effectifs est, dans une logique financière, une solution logique pour réduire les coûts et améliorer à court terme les résultats financiers. Bien entendu, le raisonnement est erroné sur le long terme, car des compétences sont irrémédiablement détruites.

Si l'on considère, à l'inverse, que le capital humain est une dette à l'égard des salariés qui composent l'entreprise, il faut alors engager des dépenses de formation, prévoir des embauches pour remplacer les départs à la retraite afin de rembourser cette dette et valoriser des actifs (compétences) qui seront développés comme de nouvelles ressources.

L'idée de la comptabilité en triple capital est alors de planifier et d'enregistrer l'ensemble des dépenses effectuées pour rembourser les dettes à l'égard des entités naturelles et humaines, à l'instar des dépenses financières qui sont engagées pour rembourser les dettes financières.

Le résultat d'une telle démarche est de donner une vision totalement différente des comptes et de la dynamique des entreprises que celle qui prévaut aujourd'hui. Une entreprise qui exploite sans vergogne les capitaux naturels et humains verra son résultat financier et la valeur de ses dettes durablement affectés. À l'inverse, une entreprise qui engage des dépenses pour réduire ces dettes écologiques et humaines verra ses actions visibilisées dans les comptes et valorisées sur le plan comptable.

Une telle révolution comptable est évidemment totalement orthogonale aux pratiques comptables anglo-saxonnes et internationales (les IFRS) dominantes qui se fondent sur l'évaluation des actifs à leur valeur de marché. La bataille des normes comptables est un enjeu politique majeur car du choix des conventions (et des systèmes de valeurs sous-jacents) émergeront (ou non) de nouvelles stratégies et des innovations compatibles avec une transition véritablement soutenable.

Les promesses de l'innovation responsable et démocratique

Réformer la gouvernance de la recherche et de l'innovation est l'une des voies actuellement explorées et expérimentées pour responsabiliser les acteurs de l'innovation et débattre de façon plus ouverte de ses finalités. Trois approches complémentaires connaissent un fort engouement : la démocratisation de la gouvernance de l'innovation, l'approche dite de « l'innovation responsable » et la réforme du droit pour protéger les biens communs mondiaux et doter les sociétés anonymes de missions sociétales de long terme.

Démocratiser la gouvernance de l'innovation

L'une des voies préconisées par différents acteurs pour encourager de nouvelles formes de responsabilisation et mettre en discussion les finalités des innovations est celle de la démocratisation du processus de gouvernance de l'innovation.

Dans la conception traditionnelle de l'innovation, les usagers, les citoyens et les acteurs publics ont un rôle passif. Au nom de la liberté d'entreprendre, tous les projets sont a priori légitimes. Plusieurs auteurs se sont insurgés contre cette vision centralisée et descendante de l'innovation. Par exemple, Eric von Hippel, professeur de management au MIT, a développé dans *Democratizing innovation*[1] l'idée selon laquelle il fallait impliquer dans la gouvernance de l'innovation tous les acteurs concernés, en particulier les communautés créatives ainsi que les usagers, à l'instar de ce qui se fait dans le domaine du logiciel libre, où un modèle d'innovation plus distribué, fondé sur une logique de propriété collective, est promu.

D'autres voies de démocratisation de la recherche et de l'innovation ont été proposées. Michel Callon, Pierre Lascoumes et Yannick Barthe dans *Agir dans un monde incertain*[2] préconisent

1. Eric von Hippel, *Democratizing innovation*, Cambridge, MA, The MIT Press, 2006.

2. Michel Callon, Pierre Lascoumes et Yannick Barthe, *Agir dans un monde incertain. Essai sur la démocratie technique*, Paris, Seuil, « La couleur des idées », 2001.

l'organisation d'une démocratie dialogique fondée sur la participation de groupes concernés aux processus de gouvernance. Les citoyens devraient avoir d'autant plus voix au chapitre qu'ils sont potentiellement affectés par les résultats de la science et de l'innovation et qu'ils sont intéressés pour participer activement à la définition de l'agenda de la recherche et de l'innovation, voire à son processus même. Le cas de la collaboration entre l'Association française contre la myopathie (AFM) et la recherche scientifique, financée par le Téléthon, afin de développer des connaissances et des innovations thérapeutiques pour les patients atteints de maladies orphelines qui ne faisaient pas partie des priorités de la puissance publique est l'un des exemples d'une telle gouvernance collaborative de la recherche et de l'innovation qui s'est développée en dehors des schémas habituels.

La participation de ces groupes concernés est aujourd'hui facilitée par le développement des nouvelles technologies de la communication et de l'information qui permettent la constitution de communautés en ligne autour de données ouvertes, du traitement massif d'information (*big data*) ou de la production participative (*crowdsourcing*) de connaissances.

Les exemples d'une telle approche expérimentale et projective de gouvernance participative de l'innovation se multiplient aujourd'hui dans tous les domaines, de la médecine au numérique en passant par l'agriculture ou l'aménagement urbain. Dans ce dernier domaine, les concepts de « ville intelligente » ou de « ville verte » ou de « ville neutre en carbone » alimentent une multitude d'innovations technologiques et sociales et de promesses de soutenabilité qui font l'objet de controverses sur leurs effets à long terme pour les habitants, échaudés par les expériences de planification urbaine passées. Pour imaginer et construire les villes de demain, certaines d'entre elles ont fait le choix de faire participer les citoyens à la gouvernance urbaine en les associant à la fois à la conduite d'expérimentations innovantes et en les associant aux retours d'expérience qui en sont réalisés[1].

Cependant, il ne suffit pas de faire participer des parties prenantes pour obtenir une acceptabilité sociale des projets. La sociologue Corinne Gendron a ainsi documenté des cas de simulacre de processus participatifs qui conduisent pour les promoteurs des projets au résultat contraire de celui recherché : susciter des controverses qui peuvent dégénérer en conflits et déboucher *in fine* sur leur disqualification définitive[2]. Pour construire une dynamique sociale et collective d'acceptabilité sociale, indique-t-elle, il faut mettre en œuvre des processus de construction conjointe des décisions et des projets avec les participants.

Pour parvenir à enclencher ces dynamiques, des conditions sont nécessaires. Callon et ses coauteurs soulignent qu'il convient de former les participants profanes en les « équipant » de connaissances, d'instruments, de méthodes afin qu'ils soient en capacité d'interagir avec les experts et d'être force de proposition[3].

L'innovation responsable comme processus de gouvernance

La démocratisation de la gouvernance de l'innovation est aujourd'hui englobée dans une doctrine plus large dite de « l'innovation responsable ». Ce concept a été proposé à la

1. Voir Brice Laurent, « Innovation for Whom? City Experiments and the Redefinition of Urban Democracy », *in* Sébastien Lechevalier (dir.), *Innovation Beyond Technology: Science for Society and Interdisciplinary Approaches*, Singapour, Springer, « Creative Economy », 2019, p. 265-285.

2. Corinne Gendron, « Penser l'acceptabilité sociale : au-delà de l'intérêt, les valeurs », *Communiquer. Revue de communication sociale et publique*, n° 11, 2014, p. 117-129.

3. Michel Callon *et al.*, *Agir dans un monde incertain. Essai sur la démocratie technique*, *op. cit.*

fin des années 2000 par des experts de la Commission européenne à travers le concept de recherche et d'innovation responsable (*responsible research and innovation*). Le point de départ de la réflexion était celui d'un manque de visibilité sur les risques engendrés par les grands programmes de recherche et d'innovation financés par l'Union européenne (biotechnologies, nanotechnologies, matériaux du futur, numérique, etc.). Avec la multiplication des controverses sur les impacts potentiels de ces innovations et les critiques sur des processus de gouvernance jugés opaques et contrôlés par les experts, la légitimité sociale de ces programmes technologiques a fait l'objet de vives contestations. Il devenait urgent de proposer une autre doctrine de gouvernance de l'innovation, plus ouverte et plus inclusive.

C'est dans ce contexte qu'a émergé le concept de recherche et d'innovation responsable (RIR) défini comme « un processus interactif et transparent où des acteurs sociétaux et des innovateurs sont mutuellement responsables les uns vis-à-vis des autres avec une préoccupation mutuelle pour les enjeux d'acceptabilité éthique, de soutenabilité et de désirabilité sociétale du processus d'innovation et de ses produits commercialisables[1] ». Dans cette définition, l'accent est mis sur l'ouverture et la participation des citoyens au processus d'innovation, à l'instar des expériences de démocratisation de l'innovation évoquées plus haut.

Le concept d'innovation responsable a gagné en visibilité et est désormais en vogue à la fois dans les milieux académiques, publics et privés. Elle est désormais conçue comme une démarche *anticipatrice*, *réflexive*, *inclusive* et attentive aux demandes des parties prenantes (*responsive* en anglais), dont la mission est

1. Rene von Schomberg, « A Vision of Responsible Innovation », *in* Richard Owen, Maggie Heintz and John Bessant (eds.), *Responsible Innovation: Managing the Responsible Emergence of Science and Innovation in Society*, Londres, Wiley, 2013, p. 63.

structurée autour des grands objectifs du développement durable de l'ONU ; démarche résumée par l'acronyme ARIR[1].

Ainsi cadrée, l'idée est d'abord de remettre en cause le postulat que toute innovation est synonyme de progrès. Développer des formes d'innovation plus responsables suppose de dépasser le seul plan des intentions et de déployer des processus de gouvernance plus inclusifs et participatifs, ouverts aux acteurs de la société civile, et attentifs aux conséquences potentielles et aux signaux faibles afin de les corriger au fur et à mesure qu'ils se manifestent.

Comme le souligne le sociologue Pierre-Benoît Joly[2], cette conception de l'innovation se démarque des visions traditionnelles de la responsabilité qui se limitaient à mettre en place des comités d'éthique ou des chartes éthiques. Là, il s'agit de transformer la gouvernance même du processus d'innovation. Outre les enjeux de participation et d'inclusion, il souligne trois traits de ces approches : elles ont une visée prospective et non rétrospective ; morale plutôt que légale ; collective plutôt qu'individuelle. La responsabilité est ici comprise, explique-t-il, comme une préoccupation pour le futur qui est cadrée comme des menaces à éviter et pour laquelle l'ouverture est la valeur essentielle.

Il souligne cependant que ces principes étant fondés jusqu'à présent sur le volontariat, et laissant une marge d'interprétation importante, ils peuvent conduire à des formes de simulacre ou de *greenwashing*, visant à obtenir une acceptabilité sociale à bon compte sans modifier en profondeur les projets d'innovation eux-mêmes.

1. Voir Jack Stilgoe, Richard Owen et Phil Macnaghten, « Developing a Framework for Responsible Innovation », *Research Policy*, vol. 42, n° 9, 2013, p. 1565-1580.

2. Pierre-Benoît Joly, « Reimagining Innovation », *in* Sébastien Lechevalier (dir.), *Innovation Beyond Technology: Science for Society and Interdisciplinary Approaches*, *op. cit.*, p. 25-47.

Équiper les acteurs d'instruments et de savoirs

L'une des voies pour éviter les risques de simulacre est précisément d'équiper les acteurs publics, les entreprises et les acteurs sociaux d'instruments et de connaissances et de mieux cadrer les modalités organisationnelles de cette gouvernance participative. Se projeter dans le futur, imaginer des conséquences nouvelles de l'innovation, identifier des signaux faibles et en explorer l'importance et les effets potentiels suppose non seulement des formes nouvelles d'action collective mais également des instruments et des savoirs, comme le soulignait Jonas.

Différents instruments ou méthodes pourraient être ainsi mobilisés. Certains existent, d'autres sont à inventer. Nous avons évoqué par exemple l'intérêt de l'analyse de cycle de vie (ACV) comme instrument médiateur permettant de structurer un dialogue autour de l'analyse des impacts environnementaux d'un produit ou d'une technologie pendant tout son cycle de vie. La démarche est normalisée dans son processus, des modèles de calcul des impacts existent et des bases de données des impacts publiques de plus en plus étayées sont désormais disponibles. Cependant, l'enjeu essentiel de la méthode n'est pas de prédire les impacts futurs, ce qui n'aurait aucun sens dans le cas de projets innovants et par nature inconnus. Il est dans la démarche collective à conduire et dans les itérations successives à réaliser tout au long du projet d'innovation. La méthode ne dit pas comment sélectionner des scénarios, des hypothèses plausibles (quelles sont les fonctions attendues de l'innovation et selon quel périmètre évaluer les impacts ?) ni comment interpréter les résultats. Tous ces éléments doivent faire l'objet de discussions collectives et surtout ne pas être délégués aux experts de cette méthode afin d'éviter l'effet « boîte noire » et le risque de manipulation pour en faire un outil plaidoyer. Cet usage collectif et conséquentiel de l'ACV, c'est-à-dire tourné vers le futur, commence à se développer pour accompagner l'évaluation de projets ou programmes d'innovation à différentes étapes de leur développement. Cet usage s'écarte de l'approche traditionnelle de l'ACV qui était utilisée *ex post*, une fois l'innovation achevée, pour en évaluer les impacts à des fins réglementaires ou de communication.

D'autres méthodes peuvent être également utiles dans une logique de responsabilité projective. L'une d'entre elles, complémentaire de démarches quantitatives comme l'ACV, est le *co-design prospectif* qui consiste à réunir des participants autour d'un enjeu collectif partagé (par exemple : imaginer une ville neutre en carbone) pour matérialiser des scénarios possibles sous forme d'une mise en récit, utilisant toutes les ressources visuelles et matérielles possibles (film, images, objets...), dont les résultats sont ensuite mis en débat. L'intérêt de cette démarche qui consiste à stimuler de nouveaux imaginaires chez les participants est d'éviter les effets de fixation, bien connus des psychologues, où l'on reproduit, sans s'en rendre compte, des solutions déjà connues[1]. Cette approche de *co-design prospectif*, couplée à des ateliers de conception, a été mobilisée par exemple par la ville de Montréal en 2017 pour imaginer de nouveaux modes de vie, de collaboration et de travail en 2037 afin d'identifier les projets collectifs à conduire et les innovations sociales, de service et technologiques désirables qui pourraient être mises en œuvre[2].

1. Pascal Le Masson *et al.*, « L'apport de la théorie de la conception à la gestion de crise », *Revue francaise de gestion*, n° 293, 2020/8, p. 111-126.

2. Nicolas Lavoie, Christophe Abrassart et Franck Scherrer, « Imagining the City of Tomorrow Through Foresight and Innovative Design: Towards the Regeneration of Urban Planning Routines? », *Transactions of the Association of European Schools of Planning*, vol. 5, n° 1, juin 2021, p. 40-54.

Responsabiliser les acteurs de l'innovation par le droit

Si les démarches de gouvernance dialogique ou de *co-design* échouent pour faire changer les comportements des innovateurs, la responsabilisation par l'action juridique constitue une ressource pour l'action collective. Nous allons présenter deux types d'initiatives qui nous semblent prometteuses : l'instauration de droits pour protéger les communs globaux ; la transformation du droit des sociétés pour les doter d'une mission sociétale en sus de leur objet social traditionnel.

Protéger les communs mondiaux

Dans le passé, beaucoup d'avancées sociétales ont été rendues possibles par des mobilisations sociales qui ont obtenu gain de cause en justice et ont ainsi contribué à changer le droit par la jurisprudence ou par la mise à l'agenda public de nouveaux enjeux.

Si la réparation des dommages causés à l'environnement a progressé par l'introduction de nouvelles dispositions dans le droit, à l'instar du concept de préjudice écologique introduit en 2016 dans le Code civil, défini comme « une atteinte non négligeable aux éléments ou au fonctionnement des écosystèmes ou aux bénéfices collectifs tirés par l'homme de l'environnement », il n'en va pas de même pour la protection des communs mondiaux comme le climat, la protection de la biodiversité, les océans, l'eau, etc.

La question de la justice climatique est, à cet égard, emblématique des difficultés à mettre en place un cadre transnational effectif qui oriente les comportements des acteurs vers des enjeux de long terme, qui protège les communs et les intérêts des générations futures. Dans un ouvrage récent, *Justice climatique ! Les nouvelles formes de mobilisation citoyenne*[1], la juriste Judith Rochfeld souligne les spécificités des « choses communes », comme les communs mondiaux, et la difficulté du droit à s'en saisir. La chose commune, explique-t-elle, s'oppose à la vision dominante du tout-marché et du tout-propriété. Cette conception a engendré « une incapacité à faire place à l'inappropriable et à le défendre comme tel », ajoute-t-elle. Or les dommages causés à ces « choses communes » échappent à la démonstration causale, au fondement de la démarche juridique traditionnelle. Dans le cas du changement climatique, les causalités sont diffuses, à la fois dans le temps et dans l'espace ; elles sont non linéaires et non proportionnelles, c'est-à-dire qu'il faut prendre en compte des effets de seuil, indique-t-elle. Pour agir en justice, il faudrait reconnaître des principes d'interdépendance et de mutualisation de l'action collective auxquels la modernité a cherché à échapper. Le droit international, insiste-t-elle, est resté le monopole des États qui défendent leur intérêt national.

Elle déplore également que les actions en justice se focalisent sur les dommages déjà survenus plutôt que sur ceux à venir qui pourraient causer des dommages graves et irréversibles. Elle souligne ainsi les enjeux à faire jouer une *responsabilité pour le futur*, en engageant des actions en justice fondées sur le principe de prévention. De telles actions commencent cependant à émerger, explique-t-elle, à la fois contre des entreprises (par exemple le procès intenté par six ONG et 17 000 personnes contre Shell en 2019 pour « inaction climatique ») et contre des États, comme

1. Judith Rochfeld, *Justice pour le climat ! Les nouvelles formes de mobilisation citoyenne*, Paris, Odile Jacob, 2019.

l'illustre le procès Urgenda, intenté par une fondation et 886 citoyens contre le gouvernement néerlandais, qui s'est terminé par une décision inédite dans l'arrêt d'appel en 2018 : l'injonction faite au gouvernement néerlandais de se conformer aux engagements internationaux qu'il a pris en matière climatique. Dans les deux cas évoqués, elle met en évidence, s'appuyant sur les réflexions du philosophe Bruno Latour dans *Où atterrir ?*[1], une relocalisation du global qui permet une action collective en justice.

La responsabilité pour le futur ne concerne pas uniquement les « pollueurs » mais également les « usagers » qui abuseraient des ressources communes, poursuit-elle. Ainsi, le gouvernement du Québec prévoit l'instauration d'un principe « utilisateur-payeur », symétrique au principe « pollueur-payeur ». D'autres pistes sont proposées par différents auteurs comme la création d'un fonds international d'indemnisation des dommages écologiques par Laurent Neyret, ce qui créerait une gestion solidaire de fait, ou bien la proposition de Dominique Bourg et Kenny Whiteside d'inscrire un principe de finitude des ressources dans la constitution. Mais l'une des innovations juridiques les plus radicales consiste à accorder le statut de personne à des éléments naturels (fleuves, montagnes, forêts, parcs, etc.). Ainsi, par une loi du 14 mars 2017, le gouvernement néo-zélandais a accordé au fleuve Whanganui et aux montagnes environnantes le statut de personne juridique.

Ces réflexions et propositions s'inscrivent dans une logique visant à sortir du modèle propriétaire pour promouvoir des formes d'action collectives afin de protéger les « choses communes » et de les faire exister en droit et dans les actions judiciaires. C'est

1. Bruno Latour, *Où atterrir ? Comment s'orienter en politique*, Paris, La Découverte, « Petits cahiers libres », 2017.

probablement une voie prometteuse pour incarner une responsabilité pour le futur qui pourrait trouver un champ d'application dans la judiciarisation des projets d'innovation et des engagements qui les accompagnent. Et ce, même si la question de la légitimité des représentants de ces « choses » devant les tribunaux reste entière dès lors que l'on sort du cas particulier de communautés ancestrales vivant en harmonie avec la nature environnante.

Changer le droit des sociétés pour doter les entreprises d'une mission sociétale de long terme

Une autre voie de responsabilisation juridique récemment explorée concerne la réforme du droit des sociétés. Dans le droit des sociétés traditionnel, celles-ci ont l'obligation de définir une raison sociale mais qui a le plus souvent un objet commercial ou industriel. Le problème que nous avons vu dans la deuxième partie est que la financiarisation, qui a accompagné la montée en puissance du modèle actionnarial, a consacré le primat de la rentabilité financière sur toute autre considération dans les sociétés anonymes à but lucratif.

Depuis plusieurs années, un mouvement international s'est développé pour demander l'instauration d'une mission sociétale dans le droit des sociétés et ainsi protéger les entreprises à but lucratif qui souhaitent poursuivre des objectifs environnementaux ou sociétaux de la pression d'actionnaires peu scrupuleux, attachés exclusivement au rendement financier.

Ce mouvement a donné lieu à différentes innovations juridiques. Après la création de statuts spéciaux comme les *benefit corporations* aux États-Unis ou la *società benefit* en Italie, la France s'est dotée, avec la loi Pacte (2019), d'un statut spécial de société à mission associé à des critères précis. Les sociétés à mission sont des sociétés à but lucratif qui poursuivent explicitement une mission sociale ou environnementale inscrite dans leurs statuts. En outre, la loi stipule que la mission doit être assortie d'engagements dont la réalisation est contrôlée par un comité de mission *ad hoc*, distinct du conseil d'administration, et qui doivent faire l'objet d'audits réguliers par des organismes tiers.

En principe, cette démarche est cohérente avec le principe d'une responsabilité projective, puisque l'exercice même de la construction de la mission suppose de concevoir un projet sociétal de long terme, désirable pour l'entreprise et la société, et de sélectionner les projets d'innovation compatibles avec celui-ci[1] expliquent Blanche Segrestin et Kevin Levillain, chercheurs en gestion.

Par ailleurs, et pour avoir un impact significatif sur l'économie dans son ensemble, ces auteurs plaident pour que ce statut d'entreprise à mission devienne la norme pour toutes les entreprises, publiques comme privées. En effet, si la protection des biens publics mondiaux, la préservation du bien-être et celle des ressources sont des objectifs partagés, il serait logique que toutes les branches du droit les incorporent dans leurs fondements.

Cependant, compte tenu du manque de recul historique sur ces initiatives, il est encore trop tôt pour analyser les effets réels que cette nouvelle gouvernance est susceptible d'engendrer : dans quelle mesure va-t-elle transformer les fonctionnements concrets de l'entreprise ? Quel impact aura-t-elle sur les indicateurs de performance et sur les projets d'innovation ? Telles sont les questions qui restent en suspens pour apprécier les impacts réels de cette innovation juridique.

1. Voir Blanche Segrestin et Kevin Levillain (dir.), *La Mission de l'entreprise responsable. Principes et normes de gestion*, Paris, Presses de l'École des mines, 2018.

Chapitre 6

Innovation : la voie de la sobriété

La fin de la société d'abondance

L'avantage politique de réduire la transition écologique et l'avènement d'une société plus soutenable à des enjeux d'innovations technologiques revient à mettre sous le tapis un sujet potentiellement explosif : celui du changement des modes de vie. En laissant penser qu'une transition en douceur est possible, grâce à l'adoption de nouvelles technologies « propres », les dirigeants politiques entretiennent l'illusion chez les citoyens que la perpétuation du rêve d'une société d'abondance est encore possible : continuer à consommer autant d'objets matériels qu'auparavant ; voyager et se déplacer sans limites ; construire sans cesse de nouveaux immeubles, maisons individuelles, routes et commerces ; consommer en toute saison tous les aliments possibles. À l'échelle mondiale, tous les pays émergents rêvent également de croissance économique pour accéder à un certain niveau de confort matériel.

Le caractère illusoire de cette société d'abondance se révèle chaque année davantage avec les dérèglements climatiques et les dégâts irréversibles causés à la planète, au point d'alimenter la crainte que celle-ci devienne bientôt invivable pour toutes les espèces, y compris l'espèce humaine.

Ce ne sont pourtant pas les alertes qui ont manqué sur les effets indésirables de la croissance économique et de la société de consommation. Dès 1972, le rapport du Club de Rome, appelé également « rapport Meadows », montrait déjà, sur la base de simulations, que la continuation d'une croissance économique rapide n'était pas compatible à moyen terme avec les ressources limitées de la planète. À l'époque, il n'était pas encore question de changement climatique, mais les autres analyses restent d'actualité. Fort opportunément, ce rapport vient d'être publié à nouveau en 2022 sous le titre *Les Limites à la croissance (dans un monde fini)*, pour son cinquantenaire, avec une préface inédite de Dennis Meadows[1].

Près de trente ans plus tard, l'économiste britannique Tim Jackson, dans *Prosperity without Growth*[2], publié en 2009, affinait la thèse en montrant que non seulement il n'y avait pas de découplage entre la croissance économique et la consommation de ressources, mais qu'au-delà d'un certain seuil de richesse, la croissance n'avait pas d'impact sur les indicateurs de bien-être, ce que confirme la stagnation de l'indicateur de développement humain (IDH) dans les pays développés depuis 1970[3]. Tim Jackson ne croit pas davantage aux promesses de la croissance verte fondée sur l'adoption des technologies « propres » car les gains réalisés par le progrès technologique sont annihilés par les effets rebonds, en l'occurrence une augmentation de la consommation. Comme le souligne l'économiste Timothée Parrique[4], la croissance verte présente

1. Dennis Meadows, Donella Meadows et Jorgen Randers, *Les Limites à la croissance (dans un monde fini)*, Paris, Rue de l'Échiquier, « L'écopoche », 2022.

2. Tim Jackson, *Prosperity without Growth: Foundations for the Economy of Tomorrow*, Londres, Routledge, 2009.

3. Voir Christophe Bonneuil et Jean-Baptiste Fressoz, *L'Événement Anthropocène. La Terre, l'histoire et nous*, *op. cit.*

4. Thimothée Parrique, *Ralentir ou périr. Économie de la décroissance*, Paris, Seuil, 2022.

une autre limite : elle est centrée sur les énergies et technologies bas carbone, laissant de côté d'autres enjeux connexes mais cruciaux : l'artificialisation et l'épuisement des sols, la déforestation, l'épuisement des ressources en eau, la destruction de la biodiversité, la pollution de l'air, etc. La généralisation des modes de vie occidentaux à l'ensemble de l'humanité et la poursuite d'une croissance économique constituent donc une impasse et, avec elle, l'innovation matériellement intensive qui en est le moteur.

Le dernier rapport du GIEC[1] ne s'y est pas trompé, soulignant que le levier du changement technologique était insuffisant, et qu'il devait nécessairement s'accompagner d'un changement des modes de vie, passant notamment par la promotion de la *sobriété*. Ces alertes sonnent comme le signal de la fin de la société d'abondance telle que nous l'avons connue depuis les Trente Glorieuses.

L'abondance est, avec la liberté, l'une des deux hypothèses fondatrices et complémentaires de la Modernité depuis les Lumières explique le philosophe Pierre Charbonnier, dans *Abondance et liberté. Une histoire environnementale des idées politiques*[2]. L'abondance est la promesse d'un accès illimité aux ressources terrestres et d'une domestication de la nature ; la liberté est au fondement des sociétés démocratiques et industrielles constituées d'individus libres et égaux qui peuvent exercer leur liberté d'entreprendre pour s'enrichir. L'alliance de la croissance et de la démocratie, qui est au cœur de la culture de l'innovation, se heurte aujourd'hui de plein fouet aux limites planétaires et aux crises écologiques et sanitaires qui nous frappent en retour. Il

1. Sixième rapport du GIEC : changement climatique 2022. https://www.unep.org/fr/resources/rapport/sixieme-rapport-devaluation-du-giec-changement-climatique-2022.

2. Pierre Charbonnier, *Abondance et liberté. Une histoire environnementale des idées politiques*, *op. cit.*

faut renoncer à la fois à l'hypothèse d'abondance et renoncer au projet d'une liberté d'entreprendre sans contraintes. Et cela vaut à une échelle aussi bien individuelle que collective : il va falloir non seulement changer nos modes de vie pour nous adapter à une planète où les ressources seront rares et devront faire l'objet d'une gestion raisonnée, et renoncer à certains projets d'innovation parce qu'ils ne sont pas désirables et incompatibles avec une société écologiquement et socialement soutenable.

Nous avons évoqué dans le chapitre précédent, à travers les réflexions sur la responsabilisation, quelques pistes pour encadrer la liberté d'entreprendre des innovateurs par le biais de normes et dispositifs juridiques, techniques, économiques et sociaux et les conduire à exercer une responsabilité projective et collective, c'est-à-dire fondée sur une construction conjointe avec des parties prenantes.

En revanche, nous avons moins abordé la question du renoncement à l'hypothèse d'abondance qui a été envisagée sous l'angle du droit de protection des biens communs mondiaux et de la comptabilité écologique. Pour aller plus loin dans la réflexion, il s'agit de s'interroger sur comment innover dès lors que les ressources sont rares et doivent être protégées et entretenues.

La piste que nous allons développer dans ce dernier chapitre est celle de la sobriété et des conditions dans lesquelles des acteurs économiques et sociaux peuvent explorer les voies d'innovation sobres.

Qu'est-ce que la sobriété ?

Il existe de nombreuses définitions du terme de sobriété. Valérie Guillard, professeur de management et spécialiste du sujet, la définit comme une démarche individuelle et collective visant à modérer la production et la consommation[1]. La racine de la sobriété, explique-t-elle, est la tempérance qui est associée à la modération. À cette idée de modération, il faut cependant ajouter que la sobriété est une démarche délibérée qui vise à réduire l'empreinte matérielle et environnementale de nos activités productives et de consommation.

Les premiers usages de la sobriété dans le langage courant ont d'ailleurs concerné la consommation d'alcool avec ce slogan publicitaire fameux des autorités publiques : « à consommer avec modération ». La sobriété renvoie donc à un style de vie mais elle s'inscrit également dans une démarche systémique et collective, indique Valérie Guillard.

Il y a dix ans encore, le mot était très peu utilisé. Il n'est sorti de sa marginalité que récemment. Dans le débat public, la notion commence à trouver sa place. En témoignent les articles de presse et différents rapports, dont ceux du GIEC, de l'ADEME, du Shift Project ou de l'association négaWatt qui la promeuvent comme un modèle souhaitable pour le futur.

Le rapport de l'ADEME[2], paru en novembre 2021, fruit d'un long travail collectif de générations de scénarios, est, à cet égard, intéressant car il essaye, sous la forme d'un récit fictionnel mais également chiffré, de décrire différents scénarios socio-économiques possibles, dont deux d'entre eux, « générations frugales » et « coopérations territoriales », font de la sobriété un levier d'action majeur. Le rapport vise à produire des imaginaires désirables, alternatifs à celui de la société de consommation et d'abondance.

Le rapport souligne les limites de stratégies uniquement centrées sur l'efficacité énergétique tant que la consommation

1. Valérie Guillard (dir.), *Du gaspillage à la sobriété. Avoir moins et vivre mieux ?*, *op. cit.*

2. ADEME, *Transitions(s) 2050*, *op. cit.*

continue à croître. Il souligne que l'on ne peut pas échapper à un débat sur la sobriété. Les deux scénarios se fondent sur des modes de vie plus raisonnés qui privilégient les liens sociaux à l'accumulation de biens matériels, la sobriété d'usage (mobilité douce, commerces de proximité…), la sobriété dimensionnelle (par exemple alléger le poids des véhicules), la sobriété coopérative qui privilégie l'habitat collectif et la location d'équipements plutôt que leur acquisition, le changement de régime alimentaire, avec la réduction de la consommation de viande, la réduction de la construction neuve et de l'artificialisation au profit de la rénovation des bâtiments et des équipements. Le rapport souligne également que ces scénarios mobilisent beaucoup plus le registre des low-tech (« basses technologies ») qu'aujourd'hui.

La sortie de ce rapport ne signifie pas pour autant que la question de la sobriété est devenue une priorité politique. Comme nous l'indiquions précédemment, peu de temps après la sortie du rapport, le président de la République annonçait un plan France 2030 où il n'était nullement question de sobriété mais, au contraire, d'investissements massifs dans des technologies high-tech (minicentrales nucléaires, hydrogène, voiture électrique, numérique, etc.) pour faire face à des besoins croissants, notamment énergétiques.

Les choses commencent pourtant à changer du côté des décideurs publics avec la conjonction des deux crises majeures récentes que nous venons de vivre : la Covid-19 et la guerre en Ukraine. Ces deux crises ont révélé la dépendance de nos économies à l'égard de certains fournisseurs (*cf.* le problème des vaccins, des masques) et de certains pays pour nos approvisionnements stratégiques. Avec la guerre en Ukraine, les craintes d'une rupture des approvisionnements en gaz, qui ont alimenté la spéculation et l'envolée des prix de l'énergie, ont enfin conduit les dirigeants européens à préconiser une modération de la consommation. Pour la première fois, depuis la Deuxième Guerre mondiale, on s'interroge sur les moyens de diminuer la consommation d'énergie, voire de la rationner si besoin. Cela dit, la sobriété énergétique est, dans ce cas, vue par le petit bout de la lorgnette. Elle se cantonne à quelques mesures et « écogestes » simples : réduire la température dans les logements, investir dans l'isolation et réduire ses déplacements. En revanche, rien n'est dit par les décideurs publics ni sur la sobriété matérielle, c'est-à-dire la consommation de biens et services qui ont un impact matériel, ni sur l'adaptation nécessaire des innovations et des modèles d'affaires pour l'incarner dans de nouvelles activités.

La sobriété volontaire : jusqu'où les individus sont-ils prêts à changer de comportement ?

La sobriété peut être appréhendée sur deux plans, l'individuel et le collectif. Sur un plan individuel, Valérie Guillard a analysé dans ses travaux les représentations des consommateurs en France. Depuis les travaux de l'économiste et sociologue Thorstein Veblen au début du XXe siècle, on sait que la consommation est un processus social et ostentatoire, qui n'est pas uniquement mû par la satisfaction de besoins essentiels.

Malgré les efforts continus des publicitaires et spécialistes du marketing pour susciter sans cesse de nouveaux besoins, Valérie Guillard note dans ses enquêtes une sensibilité croissante de la population à la sobriété. Un consommateur sur deux la valorise et un nombre croissant indique la pratiquer pour différents motifs : mieux gérer son temps, éviter les achats d'impulsion qui n'ont pas de sens, éviter les pollutions…

Elle distingue deux types de comportements : ceux qui visent à transformer ses modes de consommation, par exemple en achetant des objets d'occasion de préférence à des objets neufs, et ceux qui font le choix délibéré de réduire leur consommation.

L'adoption de comportements plus sobres, indique-t-elle, suppose des changements à trois niveaux : les normes personnelles, les normes sociales et les dispositifs matériels. Les normes personnelles renvoient à des dimensions psychologiques et émotionnelles attachées à chaque individu : comment résister aux achats « coups de cœur », à la gratification, à la surconsommation ? Quelle est la relation personnelle que l'on entretient aux objets ? Quelle place accorde-t-on au fait de posséder un bien ? Sur ce plan, l'adoption de comportements sobres suppose un changement des représentations de l'individu à l'égard des produits neufs mais également de son rapport au temps. S'appuyant sur le philosophe Hartmut Rosa, elle souligne que la perception par les individus d'une accélération du temps contribue à une forme d'aliénation des individus qui alimente la surconsommation. À cet égard, tous les sites Internet comparatifs visant à faire gagner du temps aux consommateurs en sélectionnant les produits ou services les moins chers ne contribuent pas à faire des choix raisonnés tenant compte des impacts environnementaux et sociaux. Adopter des pratiques plus sobres exige, au contraire, de revoir son rapport au temps, de prendre son temps pour sélectionner les produits à acheter, voire à faire soi-même.

Les normes sociales renvoient à la représentation sociale que l'individu se fait de lui-même et de l'image qu'il cherche à renvoyer. La consommation est ainsi inscrite dans des rapports sociaux où le fait de posséder certains objets et certaines marques constitue un marqueur social. Enfin, la sobriété individuelle est conditionnée à l'accès à certaines ressources collectives, à des dispositifs matériels, que l'individu peut mobiliser dans son environnement proche : existe-t-il des pistes cyclables s'il souhaite se déplacer à vélo plutôt qu'en voiture ? Peut-il trouver facilement des réparateurs à proximité ?...

Au-delà de la sobriété volontaire : sobriété collective et sobriété contrainte

Ces différents points soulignent que la sobriété individuelle s'inscrit nécessairement dans des processus socio-économiques et des actions collectives plus larges. Des politiques territoriales et nationales volontaristes sont indispensables pour développer les équipements collectifs et les ressources communes nécessaires à des pratiques plus sobres, pour éduquer et former les citoyens et les accompagner dans leurs changements de mode de vie.

Mais la question demeure de savoir si le seul levier du volontariat, des incitations et de l'action collective pourrait suffire à susciter les conditions d'un changement de comportement.

Sur ce plan, l'ADEME estime que la sobriété heurte tellement le mode de pensée dominant de la société consumériste que le seul levier de l'action individuelle (sobriété volontaire) se montrera insuffisant et qu'il faudra très vraisemblablement activer celui de la sobriété contrainte par la réglementation, les quotas et le rationnement pour accélérer une transition écologique et bas carbone.

À ceux qui pourraient s'insurger contre des mesures liberticides, il faut rappeler que de telles mesures existent d'ores et déjà, en particulier dans les grandes villes, saturées par le trafic automobile et les pollutions atmosphériques. Les restrictions à la circulation des véhicules à Londres et ailleurs, l'instauration de zones à faible émission sont les prémices de mesures de plus en plus contraignantes qui vont encadrer plus fortement notre liberté d'agir. Le plan « zéro artificialisation nette » (ZAN) pour protéger les sols, présenté par le gouvernement français en 2018, s'inscrit également dans cette démarche. Mais il ne pourra être réalisé que si des mesures drastiques sont prises en matière de règles d'urbanisme et de densification de l'habitat, estime France Stratégie dans un rapport de 2022[1].

D'autres mesures, plus radicales, peuvent être envisagées comme le plafonnement du nombre de constructions neuves, du nombre de véhicules en circulation ou d'équipements ménagers. Elles seraient vraisemblablement très impopulaires mais très efficaces pour mettre un frein à la croissance des volumes produits.

Quelles innovations face aux enjeux de sobriété ?

Dans ce contexte, quels types d'innovations plus sobres pourraient émerger ? Les enjeux se situent en priorité dans les secteurs qui ont l'empreinte matérielle et environnementale la plus forte : transports, biens de consommation, alimentation, bâtiment et travaux publics. Dans les deux scénarios mentionnés plus haut, l'ADEME projette une baisse de production de biens de consommation et de matériaux comprise en 26 et 38 % pour atteindre une neutralité carbone en 2050. Par quoi remplacer ces activités de production pour répondre aux besoins et pratiques de sobriété des usagers ?

1. https://www.strategie.gouv.fr/publications/objectif-zero-artificialisation-nette-leviers-proteger-sols.

Lutter contre l'obsolescence programmée : actions publiques et innovations sociales et collaboratives

Les innovations sobres s'opposent à celles qui s'inscrivent dans une logique d'obsolescence programmée et d'éphémérité. L'obsolescence programmée est une expression controversée qui sous-entend l'existence de stratégies délibérées de la part des producteurs visant à limiter la durée de vie des produits. On attribue la paternité de la formule à Bernard London qui, dans son ouvrage publié en 1932, en pleine crise économique, *Ending the Depression through Planned Obsolescence*[1], proposait de réduire la durée de vie des produits afin de relancer la croissance économique, si besoin par le biais de l'intervention publique.

Un rapport du gouvernement français de 2017 a souligné que l'obsolescence programmée recouvrait une variété de pratiques. L'obsolescence délibérée, où un produit est délibérément conçu pour durer moins longtemps, est rare. Les sociologues Jérôme Denis et David Pontille relatent un cas historique où, dans les années 1920, des fabricants d'ampoules réunis au sein du cartel Phœbus, s'étaient entendus pour réduire la durée de vie des ampoules de 1 800 à 1 200 heures[2]. Ce type de pratiques est plus difficile aujourd'hui grâce à l'action conjuguée des pouvoirs publics et des lanceurs d'alerte.

En revanche, d'autres formes d'obsolescence sont très répandues : l'obsolescence indirecte, qui se caractérise par l'absence de

1. Bernard London, *L'Obsolescence planifiée. Pour en finir avec la Grande Dépression* (1re éd. en anglais sous le titre *Ending the Depression through Planned Obsolescence*, 1932), Paris, Éditions B2, « Fac similé », 2013.

2. Jérôme Denis et David Pontille, *Le Soin des choses. Politiques de la maintenance*, Paris, La Découverte, 2022.

pièces détachées disponibles ou de manuels de démontage empêchant la réparation des produits ; l'obsolescence fonctionnelle, qui rend impossible la compatibilité de l'équipement (par exemple un smartphone) avec son support logiciel ; l'obsolescence d'évolution ou d'innovation, qui rend les anciens produits moins attractifs socialement que les nouvelles générations ; l'obsolescence esthétique, qui vise, par des stratégies marketing et de design ciblées, à créer des effets de mode, en jouant sur les choix de matériaux, de couleur ou de forme. L'ONG Les Amis de la Terre propose ainsi une définition qui englobe ces différentes variantes : « L'obsolescence programmée est le processus par lequel un produit devient obsolète pour un utilisateur particulier, soit parce que l'objet en question n'est plus à la mode, soit parce qu'il est devenu inutilisable. » À côté de l'obsolescence programmée, un autre phénomène est tout aussi préoccupant : le développement d'une culture du jetable avec le remplacement de produits durables par des produits à usage unique (rasoirs, sacs plastiques, etc.).

Une autre critique porte sur les difficultés croissantes pour maintenir et réparer les nouveaux produits, en particulier ceux qui incorporent des composants high-tech, comme les smartphones, les appareils électroniques ou les véhicules automobiles. À la complexité technologique s'ajoute le refus de certains fabricants de donner accès à leurs manuels de maintenance et de réparation.

Ces critiques ont donné naissance à un mouvement social de grande ampleur au niveau mondial pour un droit à la réparation et à l'autoréparation. Certains acteurs, comme iFixit, une plateforme numérique, proposent de contourner les stratégies des industriels en mettant à disposition des manuels de réparation et en ligne des tutoriels de réparation pour différents types de produits. Un autre mouvement est celui des *repair cafés*, ces lieux collectifs où des outils sont mis à disposition pour réparer ses produits avec l'aide de techniciens.

Ces innovations sociales et collaboratives sont développées par des communautés d'usagers et dessinent une évolution où certains acteurs revendiquent le droit à faire et maîtriser des compétences de maintenance, de réparation, voire de production.

Ces mouvements ont trouvé un certain écho chez les acteurs publics. La France a été le premier pays à constituer l'obsolescence programmée comme un délit dans la loi sur la transition énergétique de 2015.

D'autres innovations sociales et collaboratives se déploient dans le domaine de la mobilité douce (pistes cyclables, vélos en libre-service, services de réparation de vélos), la valorisation des déchets (composteurs collectifs), les jardins partagés, les communautés énergétiques, les circuits courts agricoles, etc. Ces initiatives communautaires se nourrissent et bénéficient du soutien des acteurs publics locaux qui mettent à disposition des locaux, des ressources ou développent conjointement de nouvelles solutions et promeuvent des formes d'organisation et de vivre ensemble plus conviviales et résilientes.

D'autres organisations de l'économie sociale ou solidaire (ESS) ou des entreprises à mission explorent des innovations de produits et services sobres pour lutter contre le gaspillage alimentaire, développer des produits issus de matières recyclées ou naturelles, proposer des produits reconditionnés ou de nouvelles offres de réparation et de services associés à des produits conçus pour être durables.

Comment le mouvement de la sobriété affecte les stratégies d'innovation des grandes entreprises ?

Comment les entreprises, notamment les plus grandes, peuvent-elles s'inscrire dans ce mouvement ? Y voient-elles nécessairement une menace pour leurs modèles d'affaires, leurs activités et leurs stratégies d'innovation ?

De plus en plus d'entreprises s'intéressent sérieusement à la question, voire cherchent à la promouvoir et la mettre à l'agenda public. Ce mouvement s'explique en premier lieu par l'identification de changements de modes de consommation et du rapport à la possession des objets, notamment dans les jeunes générations. Ainsi, le développement spectaculaire du marché de la seconde main et du reconditionné s'incarne dans l'essor de plateformes numériques, comme Leboncoin ou Back Market, mais également par un changement des propositions de valeur des distributeurs et commerçants. Dans le domaine de l'habillement, la seconde main était traditionnellement associée aux friperies et braderies, c'est-à-dire à des produits peu onéreux, d'abord destinés à des populations aux faibles revenus. Désormais, de nombreuses enseignes proposent des rayons entiers de vêtements de seconde main. La vogue des produits reconditionnés s'étend également à tous les types de produits, notamment électriques et électroniques, ce qui atteste d'un changement d'image de ces produits auprès du grand public.

Les stratégies d'innovation orientées vers la sobriété se fondent sur un pilier central : l'écoconception. Cette démarche a pour objectif de minimiser les impacts environnementaux du produit ou de l'équipement pendant son cycle de vie, mais également d'améliorer leur durabilité, leur maintenabilité, leur réparabilité et leur recyclabilité. La maintenance et la réparation peuvent être ainsi facilitées si elles ont été pensées dans la conception même des objets en évitant certains types de fixation (collage par exemple) et en standardisant et réduisant leur nombre. La recyclabilité vise à sélectionner des matériaux recyclables, éviter les assemblages complexes et les substances dangereuses.

La conception de produits écoconçus et plus durables est-elle accessible à tous les producteurs ? La réponse est ambiguë. Tous les produits peuvent être en principe écoconçus, de même qu'il est possible de concevoir, sur le modèle d'innovations frugales, des produits durables, simples, robustes et peu chers à fabriquer. Cependant, dans certains cas, la durabilité exige des conditions particulières : elle nécessite des matières, des composants et des processus de production de qualité. Un vêtement *low cost* fabriqué avec des matières de qualité médiocre dans des pays à bas coûts sera moins durable qu'un vêtement issu de matières nobles et de process de qualité. Le raisonnement vaut également pour certains biens de consommation plus élaborés, comme l'électroménager, où les enquêtes auprès des consommateurs mettent en évidence que les produits et les marques les plus durables ont, en général, des prix plus élevés.

De la vente de produits neufs aux modèles de produits-services

Si des produits plus durables sont vendus plus cher, comment générer des revenus mais aussi comment éviter d'exclure les consommateurs les plus pauvres de l'accès à ces biens ?

Tant que le modèle d'affaires dominant reste centré sur la vente de produits neufs, il n'y a guère d'intérêt à accroître la durabilité des produits, sauf à devenir un acteur de niche. Mais la situation est tout autre si l'entreprise bascule vers un modèle de produits-services. D'autres perspectives sont alors possibles : vendre des services de partage du produit ou de l'équipement entre plusieurs utilisateurs (par exemple des machines à laver en usage partagé), proposer des services de réparation et de maintenance pour prolonger la durée de vie du produit ou vendre l'usage du produit, c'est-à-dire l'orienter vers l'économie de fonctionnalité.

Pour expliquer cette dernière stratégie, prenons un exemple. Signify, ex-Philips Lighting, spécialiste de l'éclairage, s'est lancé dans une telle démarche. L'entreprise propose à ses clients professionnels (usines, gestionnaires de bureaux, établissements publics, aéroports, etc.) des contrats de service d'éclairage où elle s'engage sur une performance d'usage (qualité de l'éclairage, remplacement des ampoules défectueuses, maintenance, consommation électrique, délai d'intervention, changements de luminaires, etc.). Une telle proposition de valeur n'est évidemment possible et écologiquement vertueuse qu'à deux conditions : d'une part, il faut avoir conçu des systèmes d'éclairage plus durables, réparables et à faible consommation ; d'autre part, il faut avoir déployé sur l'ensemble du territoire un réseau de techniciens et des stocks de pièces détachées, pour être en mesure de fournir le service attendu dans un délai court.

L'économie de fonctionnalité présente trois bénéfices potentiels : elle garantit au client une continuité et une qualité d'usage ; elle apporte au producteur des revenus associés aux contrats de services ; elle profite à la planète, car l'empreinte environnementale est réduite du fait du prolongement de la durée de vie de produits, et à la société, car elle est génératrice d'emplois locaux pour fournir ces services. Si le modèle se développe dans le « B to B », c'est-à-dire qu'il est à destination de clients professionnels, sa mise en œuvre auprès des particuliers sera plus difficile car un tel modèle implique un changement des comportements de consommation et requiert la mise en place d'une logistique complexe et coûteuse qui n'a de sens que dans des situations particulières (habitat dense, produits onéreux et volumineux).

L'autre avantage de la conception de produits durables et réparables est qu'on peut imaginer qu'ils aient plusieurs vies, sous la forme de produits reconditionnés assortis d'une garantie, et qu'ils deviennent ainsi accessibles à des populations aux revenus modestes.

Dans l'électroménager, certains producteurs européens, qui ont encore des usines et des compétences locales, comme Seb, BSH (Bosch Siemens Haier) ou Miele, misent désormais sur cette stratégie pour augmenter la part de leur chiffre d'affaires liée aux services et fidéliser les clients plutôt que de rechercher la croissance des volumes vendus coûte que coûte, dans une concurrence mortifère avec des concurrents asiatiques à bas coûts.

L'autre enjeu pour les industriels porte sur la réparabilité des produits et le développement de services de réparation associés. Pourquoi ne pas faire réparer son produit quand il tombe en panne plutôt que d'en acheter un neuf ? Le coût de la réparation est un élément pour l'usager mais d'autres facteurs entrent en jeu comme l'identification de réparateurs de confiance, la rapidité d'intervention et la qualité de la réparation, ainsi que l'indique une étude récente de l'ADEME[1].

Le domaine de la construction est également l'un de ceux où de nouvelles stratégies de conception et de nouveaux modèles d'affaires plus sobres auraient tout leur sens, notamment pour éviter la déconstruction des bâtiments quand c'est possible et pertinent et l'intensification de leur usage par le développement du partage. La conception modulaire permet de réagencer les bâtiments sans avoir à les déconstruire. Elle devrait être systématiquement privilégiée dans la construction de bâtiments de bureaux ou pour des commerces. En aval, la rénovation thermique est aujourd'hui identifiée dans toutes les politiques publiques comme l'une des priorités pour engager une transition énergétique effective et créer des activités et des emplois locaux. Mais la réduction

1. ADEME, étude *Les Français et la réparation*, 2020.

de la construction neuve au profit de la rénovation ne fera pas que des gagnants. Les promoteurs, comme les grandes entreprises de construction, y font une grande partie de leur activité. Il leur faudra se réinventer et que les populations fassent pression sur les acteurs publics, nationaux et locaux, pour résister à leurs lobbys.

Réhabiliter la maintenance

Allonger la durée des produits et des équipements n'est évidemment pas seulement affaire de conception mais peut-être d'abord et surtout affaire de maintenance. Dans un livre récent consacré à cette activité déconsidérée et méconnue, intitulé *Le Soin des choses. Politiques de la maintenance*, les sociologues Jérôme Denis et David Pontille soulignent que maintenir les choses (équipements, produits, infrastructures), « c'est résister à l'obsolescence et rompre un temps avec le cycle de remplacement incessant. [...] À l'heure où la disruption est devenue incontournable dans le monde capitaliste, orienter le regard sur la maintenance consiste donc à renverser la hiérarchie des motifs pour placer au premier plan ce qui fait continuer ». L'invisibilité des activités de maintenance, expliquent-ils, s'oppose à la surexposition des activités d'innovation, notamment quand elles désignent des changements radicaux, la « disruption » dans la novlangue de l'innovation. Faire durer les choses devient un acte presque militant, indiquent-ils.

Ils mettent en évidence les différences entre maintenance et réparation. La réparation intervient après une panne qui constitue une rupture dans l'ordre et la continuité des choses, qui peut nécessiter une intervention urgente. La maintenance vise précisément à éviter la panne. Mais son rythme n'est pas celui de l'urgence. « Il s'agence en ponctuation, en moments parfois furtifs, dans un tempo monotone », soulignent les auteurs. La maintenance est une activité qui suppose une répétition de gestes et de routines, mais également de réassigner l'attention, de déployer toute sa sensibilité pour repérer des dérèglements infimes qui peuvent dégénérer en pannes. Elle présente également une autre caractéristique : la frontière entre l'action de l'usager et celle du professionnel est parfois floue. Il est souvent nécessaire à la fois de prendre soin de ses objets mais de faire appel, pour les plus sophistiqués, à l'intervention d'un professionnel pour assurer une révision régulière de son fonctionnement.

Créer les conditions institutionnelles d'innovations sobres

Pour prendre l'exemple de la maintenabilité, de la durabilité et de la réparabilité, l'enjeu est également de construire les conditions institutionnelles qui favorisent ces innovations et des offres de maintenance et de réparation.

L'Union européenne a instauré dans son nouveau plan d'action sur l'économie circulaire un objectif de prolongation de la durée de vie des biens de consommation[1]. Dans le cadre de la loi AGEC, promulguée en 2020, la France a été pionnière dans la promotion de la réparabilité en instaurant un indice de réparabilité pour différentes familles de produits électriques et électroniques. Un indice de durabilité devrait être instauré, pour sa part, en 2024. L'Union européenne, intéressée par ces deux initiatives, les a mises à l'agenda pour les intégrer dans des directives à venir. Ces initiatives institutionnelles sont importantes car elles rendent visibles et légitimes des offres de réparation et signalent

1. https://ec.europa.eu/environment/circular-economy>, mars 2020.

des qualités de réparabilité et de durabilité, jusque-là invisibles pour les clients.

Certains acteurs, comme le distributeur Fnac Darty, allié à l'ONG Halte à l'obsolescence programmée (HOP), ont joué un rôle clé dans la mise à l'agenda de ces deux thématiques dans le cadre de la loi AGEC[1]. Fnac Darty, qui a développé historiquement un service après-vente (SAV) important, avec une école interne de formation de réparateurs, a saisi cette opportunité pour aller plus loin en proposant une innovation de service, des abonnements mensuels de réparation (Darty max) adossés à des engagements de performance, notamment en matière de délais d'intervention. Le succès de l'offre lui a permis au bout d'un an à peine d'embaucher 1 000 réparateurs supplémentaires. L'objectif est d'opérer un changement de modèle d'affaires fondé sur la qualité de service. En 2030, le groupe ambitionne qu'un tiers de son chiffre d'affaires soit constitué par les services plutôt que la vente de produits[2]. De façon cohérente, le groupe annonce qu'il abandonne, du même coup, des objectifs quantitatifs de croissance des ventes de produits. D'autres offres de réparation ont fait suite à l'instauration de l'indice de réparabilité. Ainsi, Seb propose à ses clients des forfaits de réparation par famille de produits fixés à l'avance quel que soit l'état de l'appareil, ce qui évite au client d'exiger un devis, un frein identifié à la réparation par l'ADEME pour les produits peu coûteux.

1. Voir *The Journal of Field Actions*, n° 23, numéro spécial *Towards the Circular Economy: Industry and Waste*, 2021.

2. Régis Koenig, « La bataille des produits durables et réparables, Le journal de l'école de Paris », 2021, https://ecole.org/fr/seance/1421-fnac-darty-la-bataille-pour-des-produits-durables-et-reparables.

Le potentiel des low-tech

Ce nouvel intérêt pour la réparation, la maintenance et la durabilité des produits remet en cause certains postulats profondément ancrés chez certains industriels attachés à l'innovation high-tech : la sophistication technologique toujours croissante, et souvent superflue des produits comme horizon incontournable.

La durabilité des produits exige, le plus souvent, des principes de conception simples, des composants, matériaux et processus de fabrication de qualité. Elle ne s'oppose cependant pas nécessairement au high-tech, notamment quand la technologie permet de simplifier la conception des produits, d'éviter l'usure des produits ou de faciliter la maintenance préventive, éventuellement à distance. L'expérience montre que les voitures électriques, avec beaucoup moins de composants mécaniques, tombent moins souvent en panne et nécessitent moins de maintenance que les voitures thermiques. Les capteurs et systèmes électroniques, permettant de prévenir l'usager ou le professionnel qu'une maintenance préventive est nécessaire, contribuent également à l'allongement de la durée de vie.

En revanche, dans quelle mesure la généralisation des objets connectés répond-elle à des besoins essentiels ? Ne contribue-t-elle pas à rendre leur maintenance, leur réparation et leur recyclage plus difficiles, voire impossibles et à accroître la pression sur les ressources naturelles ?

L'innovation sobre devrait emprunter la voie des low-tech ou des basses technologies. Philippe Bihouix insiste, avec raison, sur le fait que les low-tech ne doivent pas être appréhendées comme une liste de technologies mais, à l'instar de la sobriété, comme une démarche fondée sur un ensemble de principes[1]. Premier principe : remettre en cause les besoins : « il n'y a pas de produit ou de service plus écologique, économe en ressources, recyclable que celui que l'on n'utilise pas », explique-t-il. Il en tire la conclusion qu'il faut limiter toutes les activités (publicité, marketing…) qui visent à susciter de nouveaux besoins. Le second principe est de concevoir et de produire de façon réellement durable, en s'appuyant notamment sur les méthodes et principes de l'écoconception que nous avons évoqués plus haut mais également d'éliminer les produits jetables. Le troisième principe est celui de la recherche d'un équilibre entre performance d'usage et convivialité, où l'homme contrôle l'outil et non l'inverse. Sur ce point, Bihouix reprend à son compte l'argument développé par Ivan Illich dans son livre paru en 1973 et intitulé *La Convivialité*[2] dans lequel Illich aborde et analyse le thème de l'asservissement de l'homme aux outils et à la société industrielle, puis oppose à la menace d'une apocalypse technocratique la vision d'une société conviviale. Le quatrième principe est de relocaliser sans perdre les effets d'échelle. Enfin, le dernier principe est d'orienter le savoir vers l'économie de ressources.

Réhabiliter et développer les savoirs orientés vers l'économie de ressources

Ce dernier principe nous semble particulièrement crucial pour la génération d'innovations low-tech, socialement utiles et économes en ressources. Nous avons évoqué le cas de la maintenance et de la réparation, activités aujourd'hui dévalorisées dont le potentiel de croissance est pourtant largement inexploité. À l'heure actuelle, il

1. Philippe Bihouix, *L'Âge des low tech. Vers une civilisation technique soutenable*, *op. cit.*
2. Ivan Illich, *La Convivialité* (1973), Paris, Seuil, 2014.

manque pourtant des réparateurs et des techniciens de maintenance dans tous les domaines. Il est impératif de réhabiliter ces métiers et de développer les formations en apprentissage.

Le paradoxe est que, contrairement à une idée reçue, les low-tech sont très exigeantes en termes d'acquisition et de maîtrise de savoirs par les usagers. L'exemple le plus frappant est, dans le domaine agricole, celui de l'agroécologie et de la permaculture que l'on peut considérer comme des formes de low-tech. Depuis plus d'un siècle, la modernisation de l'agriculture s'est traduite par le développement de technologies de pointe dans le domaine de la chimie agricole, du machinisme agricole, de la sélection génétique des plantes et des races et, plus récemment, dans celui des biotechnologies, des nanotechnologies, de la biologie moléculaire, des big data pour maximiser et optimiser les rendements agricoles. Mais le corollaire de ces innovations high-tech a été une dépossession progressive des savoir-faire des agriculteurs. Ceux qui pratiquent l'agriculture intensive sont dépendants des savoirs des conseillers agricoles, des machines et des technologies avancées proposées par les géants de l'agrobusiness.

Se lancer dans l'agroécologie ou la permaculture, c'est parcourir le chemin en sens inverse : éviter l'utilisation d'intrants et de technologies sophistiquées et sortir de la dépendance aux entreprises de l'agrobusiness. Pour parvenir à cet objectif, l'agriculteur doit acquérir et maîtriser une variété de connaissances sur le sol, les agroécosystèmes, la biodiversité ou la microbiologie, et les expérimenter pour adapter les méthodes et les types de production aux caractéristiques des milieux (sol, climats, faune, biodiversité locale).

La critique qui est souvent faite à l'agroécologie est qu'elle ne serait pas compatible avec l'objectif de nourrir une population mondiale toujours plus nombreuse. Cette critique est largement infondée. Des formes d'agriculture écologiquement intensives, pour reprendre la formule de l'agronome Michel Griffon[1], sont possibles. C'est ce que montrent par exemple les expériences de permaculture dont le film *Demain* de Cyril Dion et Mélanie Laurent donne un aperçu à travers la ferme du Bec Hellouin en Normandie qui pratique le maraîchage bio-intensif en jouant sur les synergies entre plantes et cultures sans utiliser de pesticides ou d'intrants chimiques. La permaculture vise ainsi à concevoir des écosystèmes régénératifs (du sol et de la biodiversité en particulier) qui s'inspirent des écosystèmes naturels, permettant de capter le CO_2 tout en obtenant des niveaux de rendement parfois supérieurs aux systèmes conventionnels.

Mais de telles pratiques d'agriculture régénérative ne sont pas sans contreparties : elles exigent des connaissances non seulement théoriques, mais également pratiques pour observer et adapter sans cesse les systèmes de culture ; elles nécessitent de la main-d'œuvre qualifiée et disponible ; elles supposent également des clients qui acceptent une hétérogénéité dans les qualités et les volumes fournis en fonction des aléas, notamment climatiques. Dans le domaine de l'élevage, comme dans celui des cultures, la préservation de races ou de variétés rustiques – certes moins productives, mais adaptées à leur environnement naturel – plus résilientes face aux événements extrêmes associés au changement climatique, et moins consommatrices d'intrants, participe à l'entretien d'une biodiversité locale[2].

Comme le souligne Bertrand Valiorgue, professeur de management, dans *Refonder l'agriculture à l'heure de l'Anthropocène*[3],

1. Michel Griffon, *Qu'est-ce que l'agriculture écologiquement intensive ?*, Paris, Éditions Quae, 2013.

2. Julie Labatut, *Construire la biodiversité. Processus de conception de « biens communs »*, Paris, Presses de l'École des mines, 2013.

3. Bertrand Valiorgue, *Refonder l'agriculture à l'heure de l'Anthropocène*, Lormont (Gironde), Le Bord de l'eau, « En Anthropocène », 2020.

ces pratiques d'agriculture régénératrice exigent un changement de paradigme pour que les agriculteurs retrouvent une autonomie d'action et de gouvernance aujourd'hui menacée par les pertes de savoir-faire, la dépendance à l'agrobusiness, à la grande distribution et aux situations de surendettement.

Conclusion

Après avoir analysé les effets indésirables de certaines innovations technologiques, financières et managériales, et plus généralement de la course effrénée à l'innovation, dans la partie précédente, cette partie partait d'une question simple : comment innover autrement ? Dans cette perspective, et sans chercher à l'exhaustivité, nous avons exploré deux pistes de réflexion : la première a cherché à identifier les modalités et dispositifs d'une responsabilité projective pour anticiper et éviter les conséquences indésirables des innovations dans le futur ; la seconde a visé l'identification de voies d'innovations sobres, tournant le dos à une logique de croissance des volumes et de performance à tous crins.

Ainsi problématisée, la sobriété n'est pas synonyme de décroissance ou de régression sociale. C'est une démarche systémique, mobilisant des leviers individuels et collectifs, qui vise à modérer la consommation et la production mais également à explorer des propositions de valeur économes en ressources naturelles. De telles innovations économiques, sociales ou collaboratives existent et se développent : elles sont fondées, pour les produits et équipements industriels, sur les low-tech et le développement de services adossés à l'allongement de leur durée de vie et à l'intensification de leur usage ; pour l'agriculture, sur le développement de l'agroécologie et de la permaculture ;

pour la mobilité locale, la gestion des espaces et la valorisation des déchets ou les systèmes énergétiques décentralisés sur des innovations sociales et communautaires. Mais ces innovations restent encore relativement marginales car elles se heurtent à des conditions institutionnelles encore trop peu favorables et à la prégnance d'une culture de l'innovation intensive qui valorise la vitesse et la compétition, la destruction créatrice, le high-tech, les solutions de masse et la recherche systématique de la nouveauté.

La sobriété est parfois désignée dans la littérature et les discours publics comme l'une des composantes de l'économie circulaire, érigée comme nouveau modèle de développement soutenable fondé sur le bouclage des flux de matières et d'énergie. Il serait plus juste de dire que la sobriété, telle que nous l'avons présentée, correspond à une forme de *circularité forte*[1]. La circularité forte vise un découplage effectif entre les activités économiques et humaines et leur impact environnemental, notamment la consommation de ressources naturelles. Elle cherche également à modifier en profondeur les modèles de production et de consommation. Elle correspond, peu ou prou, au modèle que l'économiste Christian Arnsperger et le philosophe Dominique Bourg ont qualifié d'« économie permacirculaire », régénérative, compatible avec les limites planétaires et jouant sur différents niveaux d'action, y compris culturels et politiques[2]. La *circularité forte* s'oppose à la *circularité faible*, qui reste le modèle dominant, fondé sur l'amélioration continue de l'efficacité des produits et des procédés et la promotion du recyclage sans changer les modèles économiques existants.

1. Voir Franck Aggeri, Rémi Beulque et Helen Micheaux, *L'Économie circulaire*, Paris, La Découverte, « Repères », 2023.

2. Christian Arnsperger et Dominique Bourg, *Écologie intégrale. Pour une société permacirculaire*, Paris, PUF, « L'écologie en questions », 2017.

Pour développer ces innovations sobres et ces formes de circularité forte, il s'agit de promouvoir d'autres valeurs que celles de la culture de l'innovation intensive high-tech : prendre son temps plutôt que l'accélération permanente ; l'action collective et la protection des communs plutôt que l'individualisme et l'appropriation des ressources ; la réhabilitation des activités routinières comme la maintenance, l'entretien des compétences et des savoir-faire plutôt que la destruction créatrice ; la restauration des produits, équipements et infrastructures existantes pour prolonger leur durée de vie plutôt que la consommation frénétique de produits neufs ; la promotion des low-tech et la sélection parmi les high-tech de celles compatibles avec des objectifs de sobriété plutôt que la valorisation systématique des high-tech ; la réappropriation des savoirs et des savoir-faire par les usagers plutôt que leur dépossession par les producteurs.

Mais concrètement, comment faire pour promouvoir ces valeurs ? En utilisant le même registre qui a servi à imposer la culture de l'innovation : par la fabrication d'imaginaires positifs dans lesquels individus et acteurs économiques, collectifs et publics, peuvent se projeter. Dans cette lignée, il s'agit de montrer, par la production de récits, de fictions et de retours d'expérience de bonnes pratiques que la course à l'innovation et à la performance n'est pas une fatalité ; que d'autres modèles, fondés sur la sobriété et la responsabilité projective, peuvent participer à l'émergence d'une société plus résiliente, conviviale et émancipatrice où individus comme organisations peuvent retrouver une autonomie et des capacités d'action pour reprendre en main leurs modes de vie et œuvrer à la formation d'une économie durable, compatible avec les limites planétaires.

Conclusion

L'innovation, mais pour quoi faire ? La question prend tout son sens à la lumière des effets indésirables des innovations technologiques, financières et managériales, que nous avons mis en évidence dans cet ouvrage. Cette enquête s'est déployée en trois temps.

Dans la première partie, nous sommes revenus sur la formation historique d'une culture de l'innovation incarnée dans des croyances, une novlangue, des valeurs, des méthodes, des dispositifs de performance et des types d'acteurs. Nous avons d'abord mis en évidence les métamorphoses successives des sens, des pratiques et des conceptualisations attachés au terme d'innovation. Très peu usité jusqu'à la Seconde Guerre mondiale, le mot a été ensuite associé à une vision technocratique, intensive en R&D et techno-centrée avec le modèle linéaire de l'innovation. Puis, la notion a progressivement changé de sens pour désigner des processus horizontaux, collaboratifs, ouverts et disruptifs, fondés sur la créativité, qui concernent toutes les organisations et les individus. En parallèle, le terme a également été utilisé pour résoudre de nouveaux défis sociétaux (l'innovation verte et la Tech For Good) mais a également conquis des publics inattendus : le tiers-secteur[1] et les pays émergents qui, au travers de notions

1. Selon l'INSEE, le tiers-secteur désigne l'ensemble des activités organisées selon les principes de l'économie sociale (mutuelles, fondations, coopératives),

comme l'innovation sociale et frugale, lui ont donné une signification plus politique et orientée vers des objectifs sociétaux. Ces différentes approches constituent chacune une forme de sous-culture de l'innovation avec ses codes propres. Cependant, au-delà de leurs différences, ces sous-cultures partagent une connotation positive du terme d'innovation. Plus largement, ces différentes sous-cultures ont été hybridées pour donner corps à une culture œcuménique et dépolitisée de l'innovation, incarnée dans des discours et des doctrines où celle-ci peut être l'objet des appropriations les plus variées et participe à l'accomplissement de progrès économiques, environnementaux et sociaux, en fonction des sens que les acteurs lui donnent. Par ses dimensions malléables, horizontales et collectives, le langage et l'imaginaire de l'innovation épousent à merveille l'air du temps ; une époque où l'on rêve de sociétés horizontales et de capacités d'action distribuées, tout en rappelant sans cesse l'urgence à changer le monde, pour le meilleur… et pour le pire. C'est tout l'enjeu de cette partie que d'avoir cherché à sortir l'histoire de la notion d'innovation, ses pratiques et ses conceptualisations, de cette invisibilité et de montrer que celle-ci est le fruit d'un long processus de construction sociale.

Dans la deuxième partie, nous sommes revenus plus en détail sur les effets indésirables de l'innovation, souvent invisibles au moment de leur genèse et de leurs premières applications. Cette problématique de la visibilité a constitué le fil conducteur de notre analyse. Pour filer cette métaphore, nous sommes aujourd'hui, face à l'innovation, dans la situation de l'individu qui, ayant perdu ses clés dans une rue sombre, les cherche autour du lampadaire : nous sommes aveugles à tout ce qui échappe à notre champ de vision. Or, pour anticiper, et éventuellement

c'est-à-dire des organisations qui partagent un certain nombre de principes : gestion démocratique, recherche d'un projet collectif et refus d'une appropriation privée des excédents.

éviter certains impacts négatifs, il faut donner aux acteurs publics et privés les outils, les méthodes et les cadres d'analyse permettant d'envisager les impacts des innovations dans toutes leurs dimensions, systémiques, spatiales et temporelles, en particulier sur l'ensemble de leur cycle de vie.

Dans cette perspective, nous avons considéré non seulement les impacts, écologiques et sociétaux, des innovations technologiques, mais aussi comment la course à l'innovation high-tech est alimentée par la financiarisation de l'économie. Nous avons également mis en évidence comment les innovations financières, souvent méconnues, engendrent, elles aussi, des effets économiques et sociaux indésirables, en accentuant les risques de crise systémique et la volatilité des marchés financiers. Quant à certaines innovations managériales censées libérer les individus et les responsabiliser, elles peuvent engendrer des conséquences inverses quand elles sont couplées à une logique de la performance, exerçant une pression insoutenable sur eux, et contribuant à une perte de sens et une souffrance au travail.

À la lumière des effets indésirables, actuels et potentiels de tant d'innovations, faut-il pour autant arrêter d'innover ? Cela n'aurait guère de sens car cela reviendrait à prolonger le statu quo, à se satisfaire des solutions technologiques, économiques, financières et politiques actuelles et de l'objectif de la croissance à tous crins. Comme nous l'avons vu, ces solutions ne sont pas soutenables sur le long terme, ni du point de vue des limites planétaires ni de celui du bien-être des populations au sens où l'entend Amartya Sen, c'est-à-dire le droit à la santé, à la satisfaction de besoins matériels essentiels, à l'éducation et à un niveau de vie décent[1].

Évidemment, parmi la masse innombrable des innovations générées chaque année, nombreuses sont celles qui ont des

1. Amartya Sen, *Un nouveau modèle économique. Développement, justice, liberté*, Paris, Odile Jacob, 2000.

impacts positifs avérés et contribuent à améliorer la santé, les possibilités de communication, le sort des populations les plus fragiles, la protection de l'environnement, la convivialité au travail, le développement de pratiques culturales et d'élevage plus soutenables, etc. Il n'est pas question de minimiser leur intérêt et leur importance. Mais à côté de ces innovations socialement et écologiquement utiles, combien d'innovations sont contestables ou porteuses de risques à long terme ?

Il faut donc continuer à innover, mais il convient de le faire autrement, avec davantage de discernement. En décourageant les projets qui ne contribuent pas au bien commun et en encourageant, à l'inverse, ceux qui peuvent participer à l'émergence d'une société plus soutenable, résiliente et conviviale. C'est ce thème qui a fait l'objet de la troisième partie dans laquelle nous avons procédé en deux temps.

Nous avons tout d'abord exploré les principes et dispositifs d'une responsabilité projective, tournée vers le futur, au sens où l'entend le philosophe Hans Jonas. L'innovation engage le devenir et le futur, en particulier celui de la planète et des générations futures. Il faut donc réorienter les discussions, non pas seulement sur les effets connus d'innovations passées, ce qui est l'objet traditionnel du droit et du principe du pollueur-payeur, tous deux fondés sur une logique d'imputation, mais sur les effets potentiels des innovations et ce, dès leur conception. Une variété de dispositifs de responsabilisation existent ou pourraient être inventées. Nous en avons examiné quelques types, sans prétendre à l'exhaustivité, dans les domaines juridique, économique, managérial ou social. La mise en œuvre de ces dispositifs est double : ils visent à la fois à rendre les innovateurs plus sensibles aux responsabilités de leurs actes dans le futur et à les inciter, voire à les contraindre, à prendre en compte certains enjeux de long terme, en particulier leur contribution à la protection des biens communs mondiaux, aujourd'hui mis en danger par l'exploitation incontrôlée des ressources naturelles de la planète.

La deuxième piste nous a conduits à explorer les voies d'innovations sobres pour sortir de la logique mortifère de la course aux innovations technologiques intensives en ressources et génératrices d'une croissance sans fin de la consommation et de la production. Là aussi, nous avons évoqué différents principes qui pourraient fonder ces innovations sobres et quelques exemples qui nous semblent aller dans le sens d'une société vivable sur le long terme. Certaines innovations de ce type existent déjà mais elles nécessitent un soutien plus résolu des acteurs publics pour créer les conditions institutionnelles d'un changement de modèle, à la fois chez les producteurs, les acteurs publics et les consommateurs. Des initiatives publiques commencent à émerger çà et là, en Europe, en France notamment, mais les changements sont encore trop lents par rapport à l'urgence écologique et sociale.

L'autre enjeu est également de fabriquer des imaginaires positifs de la sobriété dans lesquels individus comme organisations puissent trouver un sens et se projeter. Non, la sobriété n'est pas forcément synonyme de décroissance. Mais elle invite à imaginer les modalités d'un modèle de post-croissance qui ne se limite pas exclusivement à des indicateurs économiques et à la mesure des gains de productivité. Différents ouvrages et rapports ont commencé à explorer cette voie. Ils soulignent que des modèles économiques plus résilients, fondés sur la sobriété et la reterritorialisation de différentes activités sont possibles et pourraient générer suffisamment de richesses et d'emplois pour que l'on vive dignement, tout en évitant la destruction de la planète et en promouvant de nouvelles formes de convivialité[1].

1. Voir par exemple Dominique Méda, Isabelle Cassiers et Kevin Maréchal (dir.), *Vers une société post-croissance. Intégrer les défis écologiques, économiques et sociaux*, *op. cit.* ; rapport de l'ADEME, *Transition(s) 2050*, *op. cit.*

De ce point de vue, la stagnation des indicateurs de développement humain (IDH) depuis cinquante ans devrait nous interroger collectivement sur les limites d'un modèle de croissance fondé sur l'innovation intensive au sujet duquel Dennis Meadows et son équipe nous alertaient déjà en 1972 dans le rapport du Club de Rome. Cinquante ans plus tard, les choses n'ont pas fondamentalement changé.

Car le nœud des transformations à venir est là : pour changer la culture de la croissance fondée sur l'innovation intensive, il faut changer nos cadres cognitifs, c'est-à-dire nos modes de penser, de voir et d'agir qui s'incarnent dans des indicateurs – comme le PIB, le taux de rentabilité ou la croissance du chiffre d'affaires – et des dispositifs de performance qui les alimentent et les supportent et qui sont intériorisés, parfois à leur insu, par les individus et les organisations.

À cet égard, un modèle de société plus sobre et résilient exige de s'affranchir des objectifs et indicateurs de croissance, sous toutes leurs formes, que l'on trouve dans le secteur aussi bien privé que public. Il exige également de rompre avec la logique de productivité et de recherche systématique des coûts les plus bas qui a engendré ces chaînes de valeur mondialisées dont la fragilité est apparue au grand jour avec la crise de la Covid-19 et la guerre en Ukraine.

Peut-être la répétition des crises sanitaires et climatiques nous conduira-t-elle enfin à engager ces transformations pour retrouver le sens de la mesure et de la modération que nos sociétés contemporaines ont perdu. C'est à cet espoir que nous devons nous rattacher en nous disant qu'il est encore temps d'agir.

Table

Deuxième partie
Innovation, l'heure du doute

Troisième partie
Comment innover autrement ?

RÉALISATION : NORD COMPO À VILLENEUVE-D'ASCQ
IMPRESSION : CPI FRANCE
DÉPÔT LÉGAL : MARS 2023. N° 148448 (173155)
Imprimé en France